Contemporánea

Isak Dinesen (1885-1962), seudónimo utilizado por la baronesa Karen Blixen para firmar sus trabajos, nació en Dinamarca. Después de estudiar bellas artes se casó con su primo, con el que emigró a África para regentar una plantación de café. En 1931 el bajo precio del café en los mercados internacionales la obliga a volver a Europa. Empezará entonces su segunda aventura: durante dos años se encierra en el dominio familiar para escribir *Siete cuentos góticos*. Dado que los editores daneses e ingleses rechazan el manuscrito, decide enviarlo a Estados Unidos bajo seudónimo masculino. Es aceptado en 1934 y así nace Isak Dinesen, cuyo siguiente libro, *Memorias de África*, sería una de las obras cumbres de la literatura contemporánea y tendría una exitosa adaptación cinematográfica.

Isak Dinesen

Sombras en la hierba

Traducción de
Aquilino Duque

DEBOLS!LLO

Papel certificado por el Forest Stewardship Council®

Título original: *Shadows on the Grass*

Primera edición con esta presentación: junio de 2023

© 1960, The Rungstedlund Foundation
© 2016, 2023, Penguin Random House Grupo Editorial, S. A. U.
Travessera de Gràcia, 47-49. 08021 Barcelona
© Aquilino Duque, por la traducción
Diseño de la cubierta: Penguin Random House Grupo Editorial / Sergi Bautista
Imagen de la cubierta: © Elsa Suárez Girard

Penguin Random House Grupo Editorial apoya la protección del *copyright*.
El *copyright* estimula la creatividad, defiende la diversidad en el ámbito de las ideas
y el conocimiento, promueve la libre expresión y favorece una cultura viva.
Gracias por comprar una edición autorizada de este libro y por respetar las leyes del *copyright*
al no reproducir, escanear ni distribuir ninguna parte de esta obra por ningún medio sin permiso.
Al hacerlo está respaldando a los autores y permitiendo que PRHGE continúe publicando libros
para todos los lectores. Diríjase a CEDRO (Centro Español de Derechos Reprográficos,
http://www.cedro.org) si necesita fotocopiar o escanear algún fragmento de esta obra.

Printed in Spain – Impreso en España

ISBN: 978-84-663-6591-8
Depósito legal: B-7.920-2023

Impreso Novoprint
Sant Andreu de la Barca (Barcelona)

P 365918

Sombras en la hierba

Farah

Al enfrentarme una vez más ahora, al cabo de veinticinco años, con los episodios de mi vida en África, una figura erguida, cándida y de aspecto gratísimo aparece dándoles paso: es Farah Aden, mi criado somalí. Si algún lector me pregunta por qué no escojo un personaje más relevante, le habré de responder que tal cosa es imposible.

Farah entró a mi servicio en Aden, en 1913, antes de la primera Guerra Mundial. Por espacio de casi dieciocho años se cuidó de mi casa, mis cuadras y mis *safaris*. Hablaba con Farah tanto de mis preocupaciones como de mis éxitos, y no había cosa que yo hiciera o pensara de la que él no estuviera al corriente. Cuando tuve que dejar la granja y abandonar África, Farah vino a Mombasa para decirme adiós. Mientras veía su inmóvil silueta oscura en el muelle hacerse cada vez más pequeña hasta por fin desaparecer, sentí como si estuviera perdiendo una parte de mí misma, como si me estuvieran cortando la mano derecha y a partir de aquel momento no pudiera ya montar a caballo, disparar un rifle o escribir, como no fuera con la mano izquierda. Desde entonces no he vuelto a montar a caballo ni a tirar con arma de fuego.

Para formar y componer una unidad, sobre todo una unidad creadora, los componentes individuales han de ser por fuerza de naturaleza diferente; en cierto sentido deberían incluso ser opuestos. Dos factores homogéneos jamás podrán formar un todo o, en el mejor de los casos, el todo que formen resultará estéril. El hombre y la mujer llegan a ser uno, una unidad creadora tanto en lo físico como en lo espiritual, en virtud de su desemejanza. Un gancho y un ojal son una unidad: un broche, un corchete; pero con dos ganchos no se puede hacer nada. Un guante de la mano derecha junto con su contrapartida el guante de la mano izquierda constituyen un todo: un par de guantes; en tanto que si tenemos dos guantes de la mano derecha habremos de tirarlos. Un número de objetos perfectamente semejantes no constituyen un todo: un par de cigarrillos es lo mismo que tres o nueve. Un cuarteto es una unidad porque está compuesto de instrumentos diferentes. Una orquesta es una unidad, y como tal puede ser perfecta; en cambio, veinte contrabajos dando la misma nota son el caos.

Una comunidad de un solo sexo sería un mundo ciego. En 1940, hallándome en Berlín encargada de escribir acerca de la Alemania nazi para tres periódicos escandinavos, la mujer —y con ella todo su mundo— se hallaba sojuzgada de manera tan absoluta que yo tenía la impresión de estar moviéndome en el seno de una comunidad unisexual. Sólo sentí alivio al ver a los jóvenes soldados marchar hacia el Oeste, hacia la frontera, ya que en una contienda los adversarios se hacen uno, los dos contendientes componen una unidad.

Ya en África, la entrada en mi vida de otra raza, esencialmente diferente de la mía, supuso para mí una expansión misteriosa de mi mundo. Mi propia voz, mi cántico en la vida obtuvieron allá su réplica, y el dúo ganó en riqueza y plenitud.

En la literatura de todas las épocas se da una unidad peculiar, integrada por partes esencialmente distintas, que hace su aparición, desaparece y retorna siempre: la de amo y servidor. Los encontramos a los dos en rima, en verso libre y en prosa, ataviados con las variables indumentarias de los siglos. Aquí surge el profeta Eliseo con su criado Gehazi, formando ambos una asociación cuyo fin cabría suponer a raíz de la aventura con Naamán, pero a quienes, no obstante, volvemos a encontrar en un capítulo posterior, por lo que se ve, en la mejor de las armonías. Aquí hace salir Terencio a Davus y a Simo, Plauto a Pseupolo y Calidoro. Aquí cabalga don Quijote con Sancho Panza en su rucio pegado a la grupa de Rocinante. Aquí sigue el Bufón al rey Lear por la espesura de la noche negra y tormentosa; aquí Leporello aguarda en la calle, mientras dentro del palacio don Juan «recoge su dulce recompensa». Phileas Fogg se pavonea por el escenario con una idea fija en su mente y con el industrioso Passepartout a sus talones. En las mismas calles de nuestro viejo Copenhague se pasean del brazo Jerónimo y Magdelone, mientras que a sus anchas y dignas espaldas Henrik y Pernille se hacen señas mutuamente.

Si a veces el criado es el más apasionante de los dos, también es cierto que, de figurar él solo, este juego de colores perdería fulgor y resonancia, tanto en lo que atañe a él como a su amo. Necesita de un amo para ser él. Leporello, después de haber presenciado el espeluznante final del truhán de su amo, seguirá todavía, pienso yo, mostrando de vez en cuando en un corro de amigos la lista de las víctimas de don Juan y leerá en alta voz y con triunfante acento: «¡Sólo en España fueron 1003!» El Bufón, a quien mata la interminable noche en la ciénaga, no hubiera alcanzado la inmortalidad de no ser por el viejo rey loco, a cuyo rugido de león él une su mofa lúgubre, amarga y tierna. Henrik y Pernille, de haber sido dejados por Holberg en su propio ambiente de ayudas de cámara y doncellas de compañía en el Copenhague natal, no habrían chispeado y centelleado como lo hacen, teniendo como telón de fondo el sosiego de Jerónimo y Magdelone y el pálido idilio de Leandro y Leonor.

En África he tenido muchos criados, a quienes siempre recordaré como parte de mi existencia en aquellas tierras. Uno era Ismael, mi armero, excelente cazador crecido y adiestrado exclusivamente en el mundo de las cacerías, gran rastreador y conocedor del tiempo, que se expresaba en términos de cazador y hablaba de mi rifle «mayor» y de mi rifle «joven». Fue Ismael el que al regresar a Somalia me dirigió una carta a nombre de «Leona Blixen», carta que empezaba con las palabras: «Honorable leona». Otro era el viejo Ismael, cocinero y fiel compañero de *safaris,* especie de santón mahometano. Y otro era Kamante, pequeño de cuerpo, pero grande, incluso formidable, en su aislamiento total. Pero Farah era mi criado por la gracia de Dios.

Farah y yo ofrecíamos todos los contrastes necesarios para integrar una unidad: diferencia de raza, sexo, religión, ambiente y experiencia. Sólo en una cosa éramos iguales: habíamos convenido en tener la misma edad. Con todo, nunca pudimos precisarlo, ya que los mahometanos cuentan por años lunares.

Recorremos una larga galería de retratos de interés histórico: retratos de reyes y de príncipes, de grandes estadistas, poetas, marinos. Un rostro entre todos nos sobrecoge, un personaje anónimo, reposado, seguro de su condición, independiente de los que lo rodean. El catálogo indica: «Retrato de un caballero». Mi capítulo sobre Farah lo titularé modestamente así: «Retrato de un caballero».

En nuestros días la palabra «caballero» se toma menos en serio que antes, si bien pudiera ser que en otros tiempos se haya tomado con excesiva seriedad. De ser así, debo decir que con la misma seriedad se tomaba Farah a sí mismo.

Si esta palabra se emplea para describir o definir a la persona que tiene en la masa de su sangre el Código de

Honor de su época y de su ambiente, a modo de un instinto —de la misma manera que las reglas del juego están en la sangre del verdadero jugador de cricket o de fútbol, a quien en ningún caso se le ocurriría lanzar la pelota contra la cabeza de su adversario—, Farah era el más perfecto caballero que jamás conocí. La única dificultad radicaba en decidir, para empezar, en qué consistía el Código de Honor para un mahometano de alcurnia que vivía en la casa de una pionera europea.

Farah era somalí, lo cual quiere decir que no había nacido en Kenia, sino que procedía de Somalia, que está más al Norte. En mis tiempos había en Kenia gran cantidad de somalís. Eran muy superiores a la población nativa en inteligencia y en cultura. Tenían sangre árabe y se consideraban árabes de pura raza, en algunos casos hasta descendientes del Profeta. En general, tenían un alto concepto de sí mismos y todos eran mahometanos fanáticos.

Los nativos del país, los kikuyus, wakambas, kawirondos y masais, conservan sus propias tradiciones ancestrales simples y misteriosas que parecen perderse en la oscuridad de tiempos remotísimos. Nosotros mismos hemos llevado muy tarde al país las luces europeas, pero encontramos medios de propagarlas y establecerlas con rapidez. Mientras tanto, una civilización oriental violenta, cruel y extraordinariamente pintoresca ha puesto el pie en las tierras altas, merced al comercio de esclavos y marfil.

Del África Oriental procede el mejor marfil del mundo, y el antiguo comercio de esclavos tenía ya lugar a lo largo de estos litorales mucho tiempo antes del descubrimiento de América. Aquí se embarcaban negros para Oriente —Arabia, Persia, India, China—, así como para el Norte, para las tierras del Levante, como demuestra la presencia de pajes negros en las viejas pinturas venecianas. De aquí salieron los cuarenta esclavos negros que, junto con cuarenta blancos, llevaron al Sultán sobre sus cabezas las joyas de Aladino. Zanzíbar era el gran centro de la trata. El sultán de Zanzíbar, según me dijeron cuando estuve allá en 1916, seguía percibiendo una regalía de 5.000 libras esterlinas como indemnización por la pérdida de los ingresos provenientes de la trata de esclavos. En Zanzíbar he llegado a ver el mercado y la plataforma donde los esclavos eran expuestos para la venta.

Las viejas relaciones comerciales han dejado su impronta en el idioma del país. Cada una de las tribus del África Oriental tiene su idioma propio, pero en todas las tierras altas se habla una *lingua franca* primitiva y sin reglas gramaticales: el suaheli, la lengua de las tribus costeras. Hasta los niños pequeños, las cabras de los rebaños y las ovejas de los llanos entendían y contestaban cuando se les preguntaba en suaheli por el camino a seguir o dónde hallar agua o caza. De ordinario, yo hablaba suaheli en la granja con mis criados y mis jornaleros nativos, pero como mi hacienda se hallaba en el territorio de los kikuyus, nuestra jerga local privativa contenía abundancia de giros y términos kikuyus.

El comercio fue además lo que trajo al país a los somalís. Era más que probable que los antepasados de Farah hubieran sido mercaderes avispados, probablemente también cazadores y merodeadores en las tierras altas, y, posiblemente, piratas en el mar Rojo.

Los somalís son gente muy hermosa; delgados y esbeltos como todas las tribus del África Oriental, tienen ojos sombríos y altaneros, piernas rectas y dientes de lobo. Conocen la vanidad y entienden de paños finos. Cuando no iban vestidos a la europea —pues muchos de ellos llevaban trajes desechados por sus amos, trajes de los mejores sastres de Londres y que les sentaban muy bien—, lucían largas túnicas de seda cruda, con negros chalecos sin mangas adornados con un complicado bordado de oro. A fuer de mahometanos ortodoxos se tocaban siempre con turbantes de preciosa cachemira de distintos colores, pudiendo ser verde el turbante de los que habían ido en peregrinación a La Meca.

Las oscuras naciones de África, sorprendentemente precoces como niños, parecían alcanzar a edades diferentes un punto muerto en su crecimiento mental. Los kikuyus, wakambas y kawirondos, gentes que trabajaban a mis órdenes en la granja, estaban en la primera infancia mucho más adelantados que los niños blancos de la misma edad, pero se estacionaban de pronto al nivel correspondiente a un niño europeo de nueve años. Los somalís habían llegado más lejos y alcanzaban la mentalidad de los muchachos de nuestra raza cuya edad oscilara entre los trece y los diecisiete. También en estos jóvenes europeos el Código de Honor, la devoción ciega a la frase y al gesto grandilocuentes, constituye una pasión que los espolea a hazañas heroicas y heroicas abnegaciones y que también los sume a veces en una tenebrosa melancolía y en un resentimiento incomprensibles para los mayores. La mujer somalí parecía llevar algo de ventaja sobre el hombre, pues desde que da los primeros pasos hasta que alcanza una edad venerable ofrece la viva imagen de la clásica *jeune fille* de Europa: es coqueta, artera, increíblemente codiciosa y, en el fondo, generosa y dulce.

De niña había leído las sagas nórdicas, y ahora, al entrar en contacto con los somalís, me sorprendía su semejanza con los antiguos islandeses. Por consiguiente, tuve una alegría al enterarme de que el profesor Östrup, autoridad en el estudio de ambos pueblos, hacía uso de un término común para caracterizar a árabes e islandeses: los llama *attitudinisers* (o sea, *poseurs,* gente que afecta una postura o actitud efectista). La voraz ambición que alienta en los corazones de los hijos del desierto, de destacar por encima de los demás y de inmortalizarse a toda costa con un gesto o una palabra, es la misma que alentaba en los corazones de los indómitos y curtidos navegantes jóvenes de los mares del Norte.

En las llanuras del África vino a mi memoria la estampa de Ejnar Tambeskälve, el joven arquero inigualable, amigo del rey Olav Tryggveson, a cuyo lado estuvo en la batalla naval de Svoldr, librada el año 100. Al quebrarse la cuerda del arco de Ejnar con un ruidoso estampido, gritó el rey por encima del fragor de la batalla: «¿Qué ha estallado ahí con tanto estruendo?» Y él le replicó con un alarido: «¡El reino de Noruega de tus manos, rey Olav!» El guerrero adolescente de ojos fieros, erguido sobre la popa de la nave, se habrá sentido satisfecho al ver que por fin se ha llevado a cabo lo que estaba pendiente. Y los que hoy día leemos sucesos de su vida, muy bien podemos darle la razón, ya que a estas alturas pocos serán los que recuerden quién ganó y quién perdió la batalla de Svoldr o cuáles fueron sus consecuencias, en tanto que el *grand mot* de Ejnar Tambeskälve se sigue recordando al cabo de un milenio.

En mi trato con Farah y su tribu yo sentía que entre los riesgos que podía correr en sus manos no figuraba el de ser compadecida, y que ellos procederían en esto exactamente como lo haría un niño en mi país.

Siempre he sentido gran predilección por los muchachos y a veces he llegado a la conclusión de que el sexo fuerte alcanza su máximo encanto entre los doce y los diecisiete años de edad, para recuperarlo en un segundo florecimiento entre los setenta y los noventa. Por esta razón hallé a los somalís irresistibles desde el primer momento. A pesar de todo, ellos no caían en gracia a los colonos europeos que fueron llegando posteriormente.

Llegué al Protectorado del África Oriental británica antes de la primera Guerra Mundial, cuando aún se podía decir que las tierras altas eran un feliz coto de caza y cuando los pioneros blancos vivían en confiada armonía con los hijos del país. La mayoría de los emigrantes habían llegado al África y permanecido allá porque la vida en aquel lugar les gustaba más que en su país de origen, porque preferían ir a caballo a ir en coche, y hacer una hoguera a encender la calefacción. Querían, como yo, dejar sus huesos en tierra africana. Eran casi todos gente criada en el campo y al aire libre; muchos de ellos eran segundones de viejas familias inglesas, educados desde niños por mayordomos y caballerizos llenos de empaque y cargados de años y estaban, por lo tanto, acostumbrados a tener criados orgullosos. Indómitos ellos también, limpios de corazón, capaces de formar una asociación a lo Killdeer-Chingachgook con un cazador o un nómada indómito de piel oscura, aceptaban al somalí y ponían en él su confianza de la misma manera que el somalí los aceptaba y ponía su confianza en ellos.

Durante la guerra y en los primeros años que siguieron no desembarcaron más colonos. Pero en los años que vinieron a continuación se inició en Inglaterra una enérgica campaña propagandística en torno a las excepcionales posibilidades económicas de la colonia de Kenia bajo el lema de una «colonización más densa». De aquí surgió una nueva clase de colonos, gentes que no habían salido de Inglaterra, donde habían nacido y vivido en un pueblo o aldea y cuyo extraño provincianismo contrastaba con la condición de los indígenas africanos, siempre abiertos a todos los influjos. Asimismo se concedieron parcelas de tierra a suboficiales británicos, la mayoría de los cuales eran gentes de ciudad que en la soledad de los grandiosos paisajes estimaban que no se les había dado todo cuanto se les prometiera.

Para mí la cosa presentaba una triste perspectiva. Desde el punto de vista de la emigración, me decía yo, nunca sería Kenia una zona de grandes posibilidades dada su altitud y su clima, que impedían el trabajo manual de los blancos. La primera vez que llegué al país había unos 5.000 blancos y yo juzgaba que podía dar cabida a un número diez veces mayor. Pero entonces, según me dijeron, Australia, Nueva Zelanda y Canadá podían a su vez acoger de 50 a 100 millones. Y desde el punto de vista del país mismo, «verdadero hogar de mi corazón», una colonización blanca más densa suponía una dudosa ventaja, ya que era la calidad y no la cantidad de los colonos blancos lo que había que tener presente. Aún me asalta la risa, aunque creo que debería sonrojarme, cada vez que recuerdo haber escrito en aquellos tiempos a un alto personaje político de Inglaterra exponiéndole mis opiniones al respecto. No puedo menos de conmoverme al recordar que incluso me contestó con una nota cortés en la que no se comprometía a nada.

Los recién llegados al país vieron que los somalís, sus primeros inmigrantes, eran altaneros e ingobernables, y tanto para mí como para mis amigos resultaban en general tanto más intolerables cuanto que no podíamos prescindir de ellos. Así ocurrió que, concretamente, nuestra primera sociedad de colonos —de un orgullo de casta igual al de los peregrinos de la Mayflower— pudo llegar a caracterizarse por ser un grupo de europeos con criados somalís, para los miembros del cual una casa sin somalí hubiera sido como una casa sin luz. De este modo, Lord Delamere tenía a Hassan a su servicio, Berkeley Cole a Jama, Denys Finch-Hatton a Bilea, y yo a Farah. Dondequiera que fuésemos, éramos seguidos a distancia de metro y medio por aquellas sombras nobles, vigilantes y misteriosas.

En nuestra jerga particular, Berkeley Cole y yo distinguíamos la respetabilidad de la decencia y clasificábamos a nuestros conocidos, tanto personas como animales, de acuerdo con esta doctrina. Para nosotros, los animales domésticos eran respetables, en tanto que los salvajes eran decentes, y sosteníamos que mientras que la existencia y el prestigio de los primeros derivaban de su relación con la comunidad, los otros estaban en contacto directo con Dios. Los cerdos y las aves de corral eran, según nosotros, dignos de nuestro respeto en cuanto que reintegraban lealmente lo que en ellos se invertía, y en cuanto que en las cosas más íntimas de su vida privada se conducían como era de esperar en ellos. Los veíamos en sus pocilgas y gallineros, esforzándose con perseverancia en la restitución de las inversiones hechas en ellos, cebándose dichosos, gruñendo y cacareando. Dejándolos allá en su ambiente acogedor y hogareño, volvíamos los ojos hacia el jabalí destructor, sin pizca de respeto, que erraba solitario, o a los gansos y patos salvajes, desvergonzados ladrones de grano indignos de todo miramiento, que cruzaban el cielo en su porfiado vuelo y cuyo itinerario sabíamos trazado por el dedo de Dios.

Nosotros mismos nos considerábamos incluidos entre los animales salvajes, reconociendo con pesadumbre lo inadecuado de nuestra falta de prestación a la comunidad (y a nuestros acreedores hipotecarios), pero dándonos cuenta de que nos era de todo punto imposible, ni tan siquiera para granjearnos el favor de los que nos rodeaban, renunciar al contacto directo con Dios, que compartíamos con el hipopótamo y el flamenco. A una altura de cerca de tres mil metros nos sentíamos seguros y nos reíamos del afán que mostraban los recién llegados, las misiones, los hombres de negocios y el propio Gobierno, de convertir el África en un continente respetable. Hubo una época en que la cosa empezó a preocuparnos seriamente. Las misiones protestantes dedicaban mucho tiempo, dinero y energía a hacer que los nativos usaran pantalones, con lo que parecían jirafas enjaezadas. Los Padres franceses se entendían a las mil maravillas con los hijos del país, pero no tenían, como hubieran debido, a San Francisco de Asís en su misión; eran frágiles de espíritu y en su país se les había atiborrado de un pesado y heterogéneo cargamento cultural que no se atrevían a tirar por la borda. Los hombres de negocios, fieles a su lema «Enseña al nativo a sentirse necesitado», daban pie para que el africano se valorase a sí mismo según lo que poseía y mantuviera una actitud engreída ante su prójimo. El Gobierno, al transformar en Reservas de Caza las grandes llanuras salvajes, pareció haber logrado que los leones adoptaran un aspecto de benévolos *patrisfamilias,* hasta el punto de que, con el tiempo, a nuestros viejos amigos felinos incluso se les serviría la comida en cantinas del Departamento de Caza Mayor. No era completamente seguro que, sin todos ellos, hubieran conservado los granívoros el estado de inocencia anterior al Pecado Original, ni que entonces siguieran los kongonis manteniendo en lo alto de un cerro la silueta de un vigilante solitario, ni los oreas en posesión de unos ojos húmedos y de una sedosa papada oscilante con el trote, ni el impala saltando como si volara. ¿Es que ya ni siquiera en África podían haber criaturas vivas en contacto directo con Dios?

Sí; las habrá, a pesar de todo —me decía para mi consuelo—, en tanto que Farah esté a mi lado. Porque Farah, pese a su grave empaque de respetabilísimo mayordomo, Malvolio en persona, era un animal salvaje y nada en el mundo podría jamás ponerse entre él y Dios. De una lealtad a toda prueba, continuaba siendo en el fondo un animal salvaje, un leopardo que me seguía sin ruido a una distancia de metro y medio, un halcón posado en mi dedo con fuerte garra y volviendo la cabeza de un lado a otro. Las cualidades que ponía a mi servicio eran las del leopardo y las del halcón.

Cuando Farah entró a servir en mi casa, o, mejor dicho, cuando tomó posesión de mi casa —pues desde aquel día siempre decía «nuestra casa», «nuestros caballos», «nuestros invitados»—, no lo hizo en virtud de un contrato vulgar y corriente, sino que entre él y yo se estableció un pacto *ad majorem domus gloriam,* a la mayor gloria de la casa. Mi bienestar no le incumbía y apenas si tenía importancia para él, pero siempre tuve la sensación de que se consideraba responsable ante Dios de mi buen nombre y de mi prestigio.

Farah fue en mi casa una figura pintoresca desde el instante en que pisó los umbrales. En sus relaciones con mis criados indígenas jamás dejó de ser justo e imparcial y el conocimiento que tenía de ellos y de su manera de pensar era más profundo de lo que yo pudiera dar idea, porque lo cierto es que apenas si lo vi alguna vez conversar con ellos. Farah hablaba inglés correctamente, así como francés, por haber sido de muchacho grumete en un barco de guerra de esta nacionalidad; no obstante, usaba unas cuantas expresiones peculiares que yo debería haberle corregido, pero que, en cambio, llegué a adoptar en mis conversaciones con él. Decía «exactamente» en vez de «excepto»: «Han regresado todas las vacas, exactamente la gris», y aún hoy en ocasiones advierto de pronto haber incurrido en el mismo error.

Tenía Farah la típica voz del somalí, reconocible entre todas las voces del mundo: baja, gutural, de doble timbre, pues era cordial, pero podía muy bien adoptar un matiz peculiar de desprecio o escarnio. Había ocasiones en que Farah, al igual que todos los somalís, me irritaba por la escasez de *Gemütlichkeit* en su disposición mental. Yo solía achacar esto a la milenaria abstinencia de vino o licores de estas tribus y consideraba que el espectáculo de un viejo completamente borracho hubiera sido un saludable remedio contra la desértica sequedad de la mente somalí.

En una ocasión me dijo que los judíos no le eran simpáticos porque «comían antruss», y estuve un rato preguntándome en qué consistiría ese alimento que le chocaba en los judíos, ya que la carne de cerdo está prohibida tanto a los mahometanos como a los hijos de Israel. Por fin llegué a sacar en claro que lo que provocaba su indignación era la costumbre judía de prestar con interés, cosa prohibida y despreciable entre mahometanos*. Tenía la peculiaridad somalí de alterar el orden de las consonantes o de las vocales en la palabra; así, decía «sabura» por «basura» y «carchuto» por «cartucho». En una ocasión le pregunté por dos veces si había visto el embudo de esmalte blanco para el coche, y al fin manifestó, sesudo y resuelto: «No; no he visto ningún animal blanco, Memsahib, ni uno siquiera»**. De un ambicioso inglés, amigo de casa, solía decir: «Nunca obtendrá el *Sir*», con lo que daba a entender que jamás alcanzaría el honor de ser hecho caballero de la Jarretiera***. Cuando la plaga de la langosta, los indígenas las asaban y se las comían. Yo me propuse probarlas, pero antes de decidirme le pregunté a Farah a qué sabían. «No sé, Memsahib —replicó—; yo no como pájaros tan pequeños.» Mostraba predilección por el pronombre demos-

---

* Farah quería decir que «comían interés»: «antruss» era su manera de pronunciar el término inglés «interest». *(N. del T.)*
** Otro juego de palabras inglés basado en la semejanza fonética de los vocablos «enamel» (esmalte) y «animal». *(N. del T.)*
*** Aquí se juega con la identidad de las frases «He never get, Sir», que es lo que Farah decía, y «He never gets her» (nunca la tendrá a ella), que es lo que parecía decir. *(N. del T.)*

trativo: «Este tratante árabe te ofrece este caballo a este precio», y no tenía otra manera de aludir a sus congéneres: «Este Kamante», «este Príncipe de Gales». En su libro *José y sus hermanos* nos refiere Thomas Mann que los antiguos egipcios tenían la misma costumbre y que José aprendió a hablar a la manera de ellos: «Al llegar a esta fortaleza, este buen viejo dijo a este oficial.» Puede que sea una inclinación peculiar de los africanos.

Farah se preocupaba mucho de que nuestros criados nativos tuvieran aseados los caballos y sacaran brillo a la vajilla de plata. Conducía mi viejo *Ford* como si se tratara del *Rolls Royce* de un Rothschild y esperaba de mí la lealtad correspondiente a lo estipulado en nuestro convenio. Esta actitud motivaba que fuera un funcionario extremadamente caro para la casa, no sólo porque su salario no guardaba proporción con el de los demás criados, sino porque exigía terminantemente que el plan de mi casa rayara a gran altura.

Farah era mi cajero; guardaba mis llaves y se hacía cargo de todo el dinero que yo sacaba del banco. Jamás me rindió cuentas, cosa que le habría costado trabajo si a mí se me hubiera ocurrido pedírselas. Nunca me opuse a que gastara mi dinero en interés de mi casa según su leal saber y entender, pero siempre fue para mí un enigma su idea acerca de los intereses de la casa.

Si le preguntaba: «Farah, ¿me puedes dar cinco rupias?», él respondía: «¿Para qué las quieres, Memsahib?» «Quiero comprarme unos pantalones nuevos», decía yo. Farah meneaba la cabeza: «Este mes no podemos permitirnos tal cosa, Memsahib», añadiendo: «Pido a Dios que duren tus viejas botas de montar hasta que las nuevas lleguen de Londres.» Farah entendía mucho de botas de montar y juzgaba indigno de mí el usar botas hechas por los indios de Nairobi.

Para compensar esto se mostraba liberal en otras cuestiones. Así decretaba: «Esta noche se necesita champaña para la cena, Memsahib.» Los amigos ingleses que descansaban en casa tras sus largos *safaris,* se cuidaban de mantener la alta calidad de los vinos, pero ocurría que cuando ellos llevaban mucho tiempo de viaje me quedaba sin vino. «Nos queda tan poco champaña, Farah...», decía yo. «Se necesita champaña —volvía a insistir Farah—. ¿Has olvidado, Memsahib, que una Memsahib viene a cenar?» Por lo común, mis invitados eran hombres, ya que las mujeres eran relativamente escasas en el país.

Cuando el príncipe Guillermo de Suecia vino a tomar el té a mi granja, quise hacer en su honor una especie de tarta sueca llamada «Klejner», para cuya confección se precisa un poquitín (los libros de cocina dicen «un pellizco») de cardamomo. Mandé a Farah a Nairobi a hacer la compra y puse el cardamomo en la lista. «Puede ser —le dije— que no lo tengan los tenderos blancos. En este caso, lo pides a los indios.» Suleiman Virjee y Allidina Visram, los grandes mercaderes indios, amigos de Farah, eran dueños de más de la mitad del barrio comercial indígena, conocido por el Bazar.

Farah volvió a última hora de la tarde, diciéndome: «Esta preciosa especia, Memsahib, que otros europeos no conocen, pero que nosotros precisamos, ha sido muy difícil de obtener. Primero fui a los tenderos blancos, pero no la tenían. Entonces fui a Suleiman Virjee, que la tenía, y se la compré por quinientas rupias.» Una rupia venía a ser unos dos chelines. «Estás loco, Farah —le dije—. Yo quería que me trajeras sólo diez céntimos.» «No me lo explicaste así», dijo Farah. «No; no te lo expliqué así —le dije—. Yo creía que tenías una inteligencia humana. Pero de todos modos, no necesito quinientas rupias de cardamomo y se las vamos a devolver a Suleiman Virjee, a su procedencia.» En seguida me di cuenta de que iba a ser imposible hacer que Farah cumpliera mi orden. No era el apuro lo que le arredraba, pues un somalí no se apura por nada, sino que no podía consentir que Suleiman Virjee pensase que a una casa como la nuestra le bastaba con menos de quinientas rupias de cardamomo.

Reflexionó sobre el asunto y dijo: «No; no estaría bien, Memsahib. Pero voy a hacer otra cosa. Me quedo yo con el lote.» Y lo dejamos así. Los somalís son unos comerciantes tan activos que no tardó Farah en introducir en la granja un artículo hasta entonces desconocido, de tal modo que al poco tiempo todo kikuyu que se estimara en algo circulaba masticando cardamomo y escupiendo con altivez el cascabillo. Yo hice la prueba y no sabía mal. Tengo la impresión de que Farah sacó un importante beneficio de la transacción.

El conocimiento que Farah tenía de la mentalidad indígena me era de gran utilidad.

En cierta ocasión, a final de mes, después de haber estado pagando a los jornaleros de la granja, noté al echar cuentas la falta de un billete de cien rupias y pensé que me lo habrían robado. Le di a Farah la triste noticia y repuso al momento y con gran calma que recuperaría mi dinero. «¿Pero cómo? —le pregunté—. Han estado aquí más de mil personas y no tengo la menor idea de cuál de ellos puede ser el ladrón.» «Bien; pero yo recuperaré tu dinero», dijo Farah.

Se marchó para volver a última hora de la tarde con un cráneo humano. Por dramático que esto pueda parecer, no se sale en realidad de lo corriente. Durante siglos, los indígenas no han enterrado a sus muertos, sino que los han abandonado en la llanura, donde buitres y chacales han dado cuenta de ellos. En cualquier momento, yendo uno a pie o a caballo por las altas hierbas, se tropieza con un fémur ambarino o con una calavera color de miel.

Farah hincó un poste delante de mi puerta y clavó en su extremo la calavera. Yo lo miraba hacer sin entusiasmo por mi parte. «¿Qué objeto tiene eso, Farah? —inquirí—. El ladrón estará ya lejos, ¿y por qué has de poner esa calavera a mi puerta?» Farah no respondió; dio un paso atrás para examinar su trabajo y se echó a reír. Pero a la mañana siguiente había una piedra al pie del poste y debajo un billete de cien rupias. No me dijo, ni nunca llegaré a saber, por qué oscuros y sinuosos vericuetos había llegado hasta allí el billete.

Farah, como ya se ha dicho, era un mahometano acérrimo, de alma fervorosa.

A la hora de hablar de los mahometanos y de su religión, sé muy bien que lo que yo llegué a conocer en África no era más que una forma primitiva y sencilla del Islamismo. Nada sé de filosofía ni de teología mahometanas y la experiencia me permite tan sólo señalar que el Islamismo se manifiesta en el modo de pensar y actuar del ortodoxo iletrado. En cualquier caso tengo la impresión de que uno no puede vivir durante mucho tiempo entre mahometanos sin que su idea de la vida se deje, en cierto modo, influir por la de ellos.

Me han dicho que la palabra Islam significa propiamente sumisión: su credo puede definirse diciendo que es una religión que ordena su acatamiento. El Profeta no acepta o acata de mala gana o con pesar, sino con arrebato. En su doctrina, tal como la conozco a través de sus discípulos iletrados, hay un tremendo factor erótico.

«Los dulces aromas, el incienso y los perfumes son gratos a mi corazón —dice el Profeta—. Pero más grata es la gloria de las mujeres. La gloria de las mujeres es grata a mi corazón. Pero más grata es la gloria de la oración.»

En contraste con muchas ideologías cristianas modernas, el Islamismo no se ocupa de justificar los designios de Dios sobre el hombre; su Sí es universal e incondicional, puesto que el amante no valora a su amada con arreglo a una escala moral o social. En cambio, la amada, al absorber en su propio ser los oscuros y peligrosos fenómenos de la vida, los ilumina y santifica misteriosamente y les imbuye la dulzura. Como dice un antiguo poema danés: «Hay embrujo en tus labios, un abismo detrás de tu mirada.» Lo que el cortejador desea es la libertad de adorar; aquello a lo que aspira y por lo que suspira es la seguridad de que su amor sea correspondido. El caravanero de Hadicha, puestos los ojos en la Luna nueva, es —cambiando ligeramente el sentido de las palabras de un autor posterior— «el propio amante loco por Dios que muere por un beso».

A veces me he preguntado si las tribus del desierto deben el ser lo que son a haber estado 1200 años en manos del Profeta, o si las hondas raíces de su fe provienen del hecho de haber llevado la sangre de él desde el primer momento. La potencia formidable e indomable del Profeta ha contagiado a sus seguidores y ha hecho que irrumpan las poderosas fuerzas en ellos latentes. El erotismo informa la existencia de los grandes nómadas. Los caballos y los camellos son posesiones deseables y valiosas en la vida del hombre y vale la pena que éste arriesgue por ellos esa misma vida, pero no pueden competir ni parangonarse con las mujeres. En el sentir de las tribus ascéticas, endurecidas y despiadadas, es el número y la calidad de las esposas el factor decisivo del éxito y la dicha de un hombre en la vida, así como índice de su propia valía.

Cada vez que en la granja me veía obligada a administrar justicia entre mis jornaleros mahometanos, consultaba las normas y reglamentos del *Minhaj et Talibin*, códice de derecho musulmán. Se trata de un libro grueso, pesado, imponente para llevarlo encima; obra sorprendente para la mente nordeuropea por sus tabús y recomendaciones, que arroja luz sobre el concepto mahometano de la vida y contiene infinitos pormenores en sus disposiciones sobre la pureza legal, la oración, el ayuno y la distribución de limosnas, y especialmente sobre la mujer y su posición en la comunidad de los ortodoxos. «La ley —postula el clásico— prohibe al hombre vestir de seda, pero una mujer puede llevar vestidos de seda y lo hará siempre y cuando esto no vaya en detrimento de su decencia.» Los somalís que yo conocía se vestían de seda, sin embargo, pero Farah me explicó que lo hacían sólo cuando se hallaban fuera de su país y al servicio de otra gente. Por cierto, mi viejo y apreciado amigo Ali bin Salim, de Mombasa, y el anciano sumo sacerdote indio que solían visitarme en la granja, no vestían más que finos y preciosos ropajes de lana. Otro precepto legal del códice establece que el marido proporcionará a la mujer no sólo los alimentos necesarios, techo y vestido, sino que, dentro de sus posibilidades, la rodeará de determinados lujos que sean verdaderamente dignos de ella y la hagan apreciar con sinceridad a su esposo. «En el supuesto, sin embargo —añade—, de una mujer de noble belleza, es posible que los juristas no se pongan enteramente de acuerdo, habiendo entonces de decidir entre ellos la cuestión.» Este libro solemnísimo y algo pedante clasifica a la belleza femenina como un bien de fortuna inalienable y dotado de existencia jurídica.

Estos guerreros de exaltada fantasía se apresuran a salir al encuentro de la voluntad de Dios —su voluntad adorable— de la misma manera que los judíos se apresuran al encuentro del sábado: «¡Alzaos, hermanos, para recibir a la novia!» O como canta David, rey de Israel, en el salmo CXIX: «¡Oh, cómo amo tu ley!» Constituyen una comunión de afirmantes; están enamorados del peligro, de la muerte y de Dios.

Si los lamentos de Job no se acallan porque se le hable de la misericordia y la justicia divinas, sino que son la revelación de la grandeza de Dios ante lo que el paciente se rinde y se resigna, así al decir: «Dios es grande», se rinde y se resigna el Profeta. De la misma manera se resignó Farah cuando al cabo de tres semanas de rastrear huellas dimos con un rebaño de elefantes y yo fallé la puntería y los elefantes se pusieron en marcha sin que los volviéramos a ver. De la misma manera se resignó cuando en un año de sequía le llegó de Somalia la noticia de que habían perecido la mitad de sus camellos, y lo mismo dijo cuando le informé de la muerte de Denys Finch-Hatton: «Dios es grande.»

Entre los cristianos está muy extendida la creencia de que el Islamismo es más intolerante que el Cristianismo, pero mi experiencia me demuestra lo contrario. Ha habido tres grandes profetas, *Nebbes* —me solía decir Farah—: Mahoma, Jesús y Moisés. Él no reconocía a Cristo por hijo de Dios, porque Dios no puede tener hijo en la carne, pero estaba conforme en que no tenía padre entre los humanos. Lo llamaba Isa ben Mariammo. De Mariammo hablaba mucho, alabando su belleza y su virginidad; decía que, estando ella paseando por el huerto de su madre, un ángel la había rozado en el hombro con su ala haciéndola concebir. Una vez le dio un soplamocos a su hijito Saufe por repetir palabras injuriosas para la Virgen que le habían enseñado unos traviesos totos kikuyus de la Misión escocesa.

En los años 30, hallándome en el sur de Inglaterra, en casa del conde de Winchelsea, hermano de Denys Finch-Hatton, llegó el pintor John Philpot para pintar el retrato de la mujer de mi anfitrión, que era encantadora. Había viajado mucho por el norte de África, y una tarde que paseábamos por el parque me refirió algo que le sucedió allá.

En la primera Guerra Mundial había sufrido una crisis de nervios o conmoción psiconeurótica, a consecuencia de lo cual nunca estaba seguro de estar haciendo lo que debía.

«Cuando estaba pintando —explicaba— sentía que era mi deber ponerme a repasar mi cuenta corriente. Cuando estaba repasando mi cuenta corriente, sentía que era mi deber salir de paseo. Y cuando paseando, paseando, me alejaba ocho kilómetros de casa, me daba cuenta de que mi deber era estar en ese preciso momento delante del caballete. Me hallaba constantemente en fuga; me veía como exilado en todas partes.

»Ocurrió entonces que yo y mi criado africano llegamos en nuestras correrías por Marruecos a un pueblecito o aldea. Me sería imposible describírselo a usted; en realidad no se diferenciaba de otras aldeas norteafricanas. Se encontraba en un llano y no consistía más que en un grupo de chozas de barro rodeadas de una ancha y vieja muralla también de barro. El único detalle singular que recuerdo es una multitud de cigüeñas, de las que había un nido en cada casa. Pero en el mismo instante en que crucé las puertas de la muralla, tuve la sensación de que aquella aldea era un lugar de refugio. Me sobrevino una calma extraña y dichosa, una felicidad como la que uno siente cuando le desaparece la fiebre. "Éste es un lugar para quedarse", pensé.

»Llevaba quince días en la aldea, siempre con la misma dulce paz de espíritu, sin pensar en el pasado ni en el futuro, cuando un día en que yo pintaba un cuadro se me acercó un viejo que me dirigió la palabra: "Tengo entendido por tu criado que has puesto fin a tus viajes y que permanecerás entre nosotros, ya que aquí has hallado descanso". Le respondí que era como él decía, pero que no podía explicármelo a mí mismo.

»—Yo te lo explicaré, mi amo —dijo el viejo—. Nuestra aldea tiene algo especial y las cosas que aquí pasaron no han pasado en parte alguna. Esto sucedió, no cuando yo era niño, sino cuando mi padre lo era y tenía doce años; él fue quien me lo contó. Vuelve los ojos a la puerta de la muralla, a tu espalda. Sobre ella verás una cornisa en la que caben dos hombres sentados, pues en los tiempos antiguos los centinelas vigilaban desde ahí a los enemigos que pudieran aproximarse por el llano. A esta misma cornisa sobre la puerta vinieron el propio Profeta y tu profeta Jesucristo. Aquí se reunieron para tratar de la suerte del hombre en la tierra y de cómo dar ayuda a los pueblos de la tierra. Los que estaban abajo no podían oír lo que ellos dos se decían, pero sí ver cómo el Profeta se golpeaba con la mano la rodilla al expresar sus pensamientos y cómo Jesús, acto seguido, alzaba su mano y le respondía. Allí sentados estuvieron, enfrascados en la conversación, hasta que se hizo de noche y la gente ya no pudo ver más. Desde entonces, mi amo, tiene nuestra aldea paz de espíritu para darla a todo el que la necesite.

»—Me gustaría saber —dijo Mr. Philpot— si un clérigo de la Iglesia anglicana hubiera llegado a referir historia semejante.

Como buen mahometano, Farah no conocía el miedo. Los europeos llaman fatalismo al sentimiento islámico de la vida. Yo, por mi parte, no creo que los secuaces del Profeta consideren los acontecimientos vitales sujetos a predestinación y, por tanto, ineludibles. Si carecen de miedo es porque confían en que lo que sucede es lo mejor que podría suceder.

Al comienzo de mi estancia en África, Farah no se movió de mi lado una vez que un león herido arremetió con esa embestida ciega que, como dicen los cazadores, sólo la muerte puede detener. Farah no tenía rifle y, por aquellos tiempos, pienso que escasa fe en mi puntería. Pero no se movió y diría que ni pestañeó siquiera. Tuve la suerte de que mi segundo disparo alcanzara al león, que cayó rodando como una liebre. Entonces Farah se acercó tranquilamente a examinarlo.

Posteriormente, sin embargo, pude oír cómo Farah hablaba con profunda admiración de mi maestría con el rifle. Durante uno de nuestros largos *safaris,* cuando después de pasar la noche cazando me encontraba en mi tienda por la mañana, un joven inglés cuyo campamento estaba unos kilómetros al sur del nuestro y que sabía de nosotros por los nativos, vino a informarse sobre el agua y la caza y a buscar compañía. Hablaban él y Farah fuera de la tienda y yo podía seguir la conversación a través de la lona. «¿Qué clase de bwana es el tuyo? —preguntó el inglés—. ¿Es buen tirador, habéis cobrado alguna pieza?» «Yo no estoy con ningún bwana —replicó Farah—, sino con una memsahib de un país lejano que donde pone el ojo pone la bala.»

En esta ocasión parecía que Farah se complacía en hablar de mí. Por lo general, los somalís no hablan de mujeres y no hay manera de hacerles decir algo acerca de sus esposas e hijas. Sólo en honor de la madre hacen una excepción y el Corán, como Farah decía, prescribe que cada vez que se pronuncie el nombre del padre con reverencia, se pronuncie con reverencia veinticinco veces el de la madre. En éste como en otros aspectos los somalís son como los antiguos islandeses. Tormod Kolbrunnaskjald fue desterrado de Islandia porque en una de sus canciones llamaba «Kolbrunna» a la muchacha que amaba.

Es curioso que aún no me haya desprendido de este tabú. A veces, cuando alguien habla o escribe sobre mí, tengo la sensación de que estoy quebrantando mi pacto con Farah.

Cuando en 1928 el Príncipe de Gales, hoy duque de Windsor, hizo su primera visita a Kenia, fui invitada por mi amiga Joanie Grigg, esposa del gobernador, a pasar una semana en la Casa del Gobierno. Me pareció ser ésta una buena ocasión para hablar al Príncipe sobre la situación de los nativos en materia de impuestos y tuve la satisfacción de que el futuro rey de Inglaterra me otorgara audiencia. Entonces me dije a mí misma: «Esto hay que hacerlo de una manera agradable, porque el Príncipe no se ocupará de ello si no lo encuentra divertido.»

En la cena me tocó estar sentada al lado del Príncipe y entonces traté con gran cautela de atraer su interés hacia el tema que yo quería, hasta que por fin decidió venir al día siguiente a la granja a tomar el té. Me acompañó a visitar las chozas de los aparceros, a quienes preguntó cuántas vacas y cabras poseían, cuánto ganaban por su trabajo en la granja y cuánto pagaban de impuestos, tomando nota de las cifras. Años más tarde, hallándome en Dinamarca, me cayó el alma a los pies al ver que mi Príncipe de Gales era rey de Inglaterra sólo por seis meses.

En el curso de otra velada le estuve describiendo al Príncipe las grandes *ngomas* de la granja, y al darme las buenas noches añadió: «Tendría mucho gusto en cenar con usted el viernes y ver alguna de esas *ngomas*.» Esto fue el martes por la noche; los dos días siguientes los pasaría el Príncipe en Nanyuky viendo las carreras.

Al subir a mis habitaciones de la Casa del Gobierno encontré allá a Farah, que aguardaba órdenes para el día siguiente. (Era costumbre llevar consigo al criado cuando un amigo nos invitaba a su casa.) «Ha pasado algo horrible, Farah —le dije—. El Príncipe viene el viernes a cenar y a ver bailar a nuestra gente. Tú sabes que ellos no bailan jamás en esta época del año.» Estas *ngomas* son danzas rituales en relación con la cosecha y todos los colonos saben perfectamente que, en cuanto a este punto, los nativos darían su vida antes que quebrantar una sacra ley milenaria.

A Farah le impresionó la noticia tanto como a mí. Estuvo unos minutos sin poder articular palabra, como si fuera de piedra. Por fin habló: «Si ha de ser así, Memsahib, opino que no nos queda que hacer más que una cosa. Tomaré el coche e iré a ver a los grandes jefes. Les hablaré y diré que tienen que venir en tu ayuda. Les recordaré que hace tres meses tú los ayudaste a ellos.» Por fortuna yo había podido prestar ayuda a los nativos en una cuestión con el Gobierno referente a las rocas salinas adonde solían traer sus vacas para que lamieran sal. «Pero en ese caso —añadió Farah con cierta vacilación— no podré ocuparme de la cena. Tendréis que hacerlo tú y Kamante, Memsahib.» Había alguna distancia y apenas carreteras entre las *manyattas* de los grandes jefes y, por otra parte, los viejos iban a aprovechar la ocasión para hablar largo y tendido. «No te preocupes —le respondí—. Yo y Kamante nos ocuparemos. Creo que tienes razón y así lo vamos a hacer.»

Con el corazón algo encogido regresé a la granja a hacer los preparativos para el viernes, y Farah se marchó en el auto a su difícil embajada. La mañana del viernes no estaba aún de vuelta y toda la servidumbre guardaba un silencio sepulcral mientras preparaba la langosta de Mombasa, el gallo traído por el masai Morani y la salsa cumberland de Kamante para el jamón. Sobre nuestra casa y sobre todos nosotros caería un baldón imborrable si el Príncipe venía para ver una *ngoma* y no tuviéramos *ngoma* que enseñarle.

Pero ya sobre las ocho o las nueve, la gente joven de ambos sexos que había en la granja empezó a rondar por la casa con ese aire de misterio con que los indígenas barruntan los grandes acontecimientos. En las horas siguientes fueron acudiendo los jóvenes aficionados a la danza de otras granjas más alejadas; venían en grupos pequeños por la larga avenida. Kamante, viendo por una vez la cosa con optimismo, me hizo observar que aquello recordaba la plaga de la langosta: uno a uno primero, luego un grupo reducido, y por último una masa innumerable. A las once en punto se oyó el ronquido asmático del coche subiendo por el sendero. Venía todo cubierto de barro y de polvo, y el propio Farah, al apearse, pareció volverse incoloro, como ocurre a los hombres de piel oscura cuando están completamente exhaustos. Me di cuenta de que debió haber pasado aquellas dos noches sin dormir, parlamentando sin tregua con los viejos jefes. Pero al primer golpe de vista todos advertimos que regresaba victorioso.

—Memsahib —era su voz casi tan ronca como la del coche—, van a venir. Van a venir todos ellos y traen a sus muchachos y a sus vírgenes.

Efectivamente, venían pisándole las huellas al coche, en enjambres, según Kamante había dictaminado, como la langosta, un río de altivos y elásticos jóvenes de ambos sexos dispuestos a bailar aunque les fuera en ello la vida. Los ancianos jefes y sus venerables consejeros, cubiertos de ricas y pesadas capas de piel de mono, avanzaban solemnes en grupos pequeños, con una separación de tres metros de la muchedumbre que los precedía y los seguía.

De dos a tres mil personas danzaron aquella noche en la explanada delante de la casa. Había Luna llena y ni un soplo de viento; el círculo de pequeñas hogueras ardía y fulguraba enviando a la selva su resplandor y al cielo delgadas columnas de humo. Fue la *ngoma* más hermosa que jamás tuve ocasión de ver.

El Príncipe recorrió el selvático salón de baile, hablando con los ancianos jefes uno por uno. Les hablaba en suaheli y ellos, apoyados en sus bastones, le respondían entusiasmados con sus sonrisas desdentadas, con lo que, por obvias razones, se terminaba la conversación. Causó una buena impresión a los ancianos, que luego se complacían en hablar de él. Los africanos ríen por otras razones que los europeos; lo más frecuente es que lo hagan llevados de despecho, pero a menudo también lo hacen de puro contento. Durante mucho tiempo se reían cada vez que hablaban del Príncipe, como si comentaran las gracias de un precioso bebé. Al Príncipe creo que también le agradó su *ngoma*.

Quince días más tarde mandé llamar de nuevo a los jefes kikuyus. Les expliqué que el día de la *ngoma* me había visto en un apuro; les pedí ayuda, me la habían dado, y ahora quería a mi vez darles las gracias. Les hice un regalo a cada uno de ellos, regalo que ahora no recuerdo si consistió en una manta de excelente tejido o en una cabra.

Callaron unos minutos mientras digerían mis palabras, y al cabo, un hombre viejísimo se adelantó para hablar: «Nos has dicho, Msabu, que el día de la gran *ngoma* te viste en un apuro y que pediste nuestra ayuda y que te ayudamos. Ahora quieres darnos las gracias y para ello nos haces un regalo a cada uno. ¿Permites que te digamos una cosa?» Así es como los nativos se dirigen unos a otros; es difícil no acceder a la petición, pero una vez se ha hecho, hay que pechar con lo que venga. Le dije al viejo que podía decirme lo que gustase. «Msabu —dijo con mucho aplomo y satisfacción—, querría entonces decirte algo de que hemos hablado mucho entre nosotros y que nos pone muy contentos. Somos de la opinión de que la noche que el Toto a Soldani vino a ver bailar a nuestros jóvenes y nuestras vírgenes, de todas las Msabus presentes tú eras la que tenías el vestido más bello. Nos llegó al alma, Msabu, y nos sigue llegando cada vez que pensamos en ello, porque todos los aquí reunidos opinamos que en la granja sueles ir a diario horriblemente vestida.»

No le llevé la contraria. Por lo común, cuando estaba en la granja yo llevaba un viejo pantalón caqui con manchas de aceite, barro y polvo. Tuve la impresión de que mi gente había temido que los dejara en mal lugar en aquella ocasión histórica para la granja y en un momento determinado en que yo exigía de ellos el máximo.

En atención a mis lectoras debo hacer notar aquí que en la época de la visita del Príncipe llevaba yo cuatro años lejos de Europa y no podía en propiedad hacerme una idea de la moda imperante. Por lo tanto, pedí a la casa de París que tenía mis medidas y debía confeccionarme el vestido, que obrara con arreglo a su propio criterio de la elegancia. «*Nous sommes convaincus, Madame* —me contestaron—, *que vous serez la plus belle.*» Tuvieron el buen acuerdo de hacerme, en pleno apogeo de la línea saco —dos rectas verticales de la axila a la rodilla—, lo que ellos llamaban una *robe de style,* difícil de pasar de moda, con amplísima falda de miriñaque en brocado de plata. Pienso que lo que conmovió el alma de mi gente fue el ver cómo en medio de las larguiruchas damas de la cena, yo me inflaba de repente y adquiría un volumen inusitado.

Ya que los viejos jefes habían abordado el grato tema de mi vestido, quise conocer su opinión con más detalle. Pero en este momento entró Farah en escena, seguido de Kamante, que traía una escudilla de madera llena de tabaco y rapé para mis invitados. Su rostro expresaba a la vez aprobación y austeridad. No le disgustaba la popularidad, pero estaba resuelto a mantener a los kikuyus en su sitio y a mí en el mío.

—Aguarda un poco, Farah —le dije—. Estoy hablando con los ancianos y ellos conmigo.

—No, Memsahib —respondió—. No. Estos kikuyus han hablado bastante de ese vestido. Ya es hora de que se les dé este tabaco.

Luego vinieron malos tiempos para la granja y me di cuenta de que no iba a poder conservarla. Y entonces dieron comienzo mis repetidos viajes a Nairobi con los penosos propósitos de apaciguar a mis acreedores, lograr vender la hacienda lo mejor posible y, al final de todo —una vez perdida ésta y convertida yo, por decirlo así, en arrendataria de mi propia casa—, para conseguir en la Reserva para mis aparceros un trozo de tierra donde pudieran permanecer juntos como era su deseo. Pasó mucho tiempo antes de que el Gobierno aprobara mi plan. En estas expediciones siempre tuve a Farah a mi lado.

Y ahora resultaba que él abría cofres de cuya existencia yo no había sabido hasta entonces, desplegando un esplendor verdaderamente regio. Sacó a luz túnicas de seda, chalecos bordados de oro y turbantes de cálidos y fulgurantes tonos rojos y azules, o totalmente blancos, cosa en verdad rara de ver y que debe ser el regio tocado de gala del somalí, anillos de oro macizo y cuchillos de plata en vaina de marfil, un látigo de montar de piel de jirafa incrustado de oro; con todas estas cosas parecía el propio guardaespaldas del califa Haroun al Raschid. Me seguía, muy erguido, a una distancia de metro y medio cuando yo recorría a pie, con mis viejos pantalones y mis zapatos remendados, las calles de Nairobi. Entonces fue cuando él y yo llegamos a ser una verdadera unidad, tan pintoresca a mi juicio como la de don Quijote y Sancho Panza. Entonces él, al elevarse a sí mismo, me elevaba a un plano clásico, como aquel de que habla el poeta noruego Wergeland:

Sigue la muerte al hombre feliz como un dueño severo,
al desgraciado como un siervo,
siempre dispuesto a recibir la máscara y la capa de su amo.

Una vez que hube vendido todo lo que mi casa contenía, las habitaciones de techos y entrepaños de madera se convirtieron en cajas de resonancia. Si me sentaba sobre una de las cajas de embalaje llenas de cosas que había que expedir y que ahora eran todo mi mobiliario, voces y canciones de otro tiempo, intensificadas y distintas, resonaban por la noble pieza vacía. Cada vez que en el curso de aquellos meses alguien venía a visitarme a la granja, Farah se adelantaba a abrir las puertas de las estancias vacías como si fuera el portero de un palacio imperial.

Ni un amigo, ni un hermano, ni un amante, ni un nabab que de pronto me regalara el dinero preciso para retener la granja hubiera podido hacer por mí lo que Farah entonces hizo. Incluso si no tuviera hacia él otros motivos de agradecimiento —y los tengo, más de lo que aquí puedo dar cuenta—, sólo por aquellos meses seguiría estando en deuda con él ahora, treinta años después, y todos los años que me queden de vida.

Barua a Soldani

Los que hayan leído mi libro *Lejos de África* recordarán que una mañana de Año Nuevo, antes de la salida del Sol, cuando las estrellas, a punto de retirarse y desvanecerse en la cúpula del cielo, aún pendían de él como grandes gotas luminosas, y el aire quieto tenía aún la extraña limpidez y la profundidad de agua de fuente del alba de África, yendo yo en coche con Denys Finch-Hatton y Kanuthia, su chófer kikuyu, por una pésima carretera de la Reserva de los masais, maté un león que hallé sobre una jirafa muerta.

Posteriormente fuimos acusados Denys y yo de haber dado muerte a la jirafa, cosa prohibida por la ley de caza. El Departamento de Caza, al expedir la licencia de armas de fuego, concedía el derecho de cazar, matar o capturar determinadas cabezas de ciertas especies de animales —a veces me he preguntado con qué derecho concedía tal derecho el Departamento de Caza—, y entre estas especies no estaba incluida la jirafa. Contra los leones, empero, se podía hacer fuego en todo tiempo dentro de una zona de cincuenta kilómetros a la redonda de las granjas. De todos modos, Kanuthia pudo reforzar nuestra declaración de que la jirafa llevaba uno o dos días muerta cuando tropezamos con ella.

No estoy segura de que fuera el león el que había matado a la jirafa. Los leones matan a sus víctimas rompiéndoles el cuello, cosa en esta ocasión improbable dada la altura del cuello y las paletillas de la jirafa. Bien es verdad que la fuerza y energía de un león son realmente increíbles, y algunos cazadores me han asegurado muy en serio haber visto a un león dar muerte a una jirafa.

A lo largo de los tres últimos meses, los aparceros de mi granja no habían dejado de venir a la casa para pedirme que matara un león *mbaya sana* —muy malo— que perseguía y hostigaba sus rebaños. El león que encontré aquella mañana y que, sin cuidarse de nuestra proximidad, seguía sobre su presa, absorto en su manjar, confundido con él y estremeciéndose apenas en la media luz del aire, pudiera muy bien haber sido el mismo asesino que tanta inquietud suscitaba en torno a las preciosas vacas y sus terneros. Nos hallábamos a unos treinta kilómetros del lindero de la granja, pero una distancia de treinta kilómetros no significa nada para un león. Si en efecto era él, ¿por qué no matarlo una vez que él mismo me brindaba la oportunidad? Kanuthia disminuyó la velocidad y Denys me susurró: «Te toca a ti esta vez.» Yo no llevaba rifle y él me dejó el suyo. Nunca me había gustado tirar con aquel rifle, pues era demasiado largo y pesado para mí. Pero recordé las palabras de mi viejo amigo, el tío Charles Bulpett: «La persona que es capaz de deleitarse en una grata melodía sin querer aprenderla, en una mujer hermosa sin desear poseerla o en un magnífico animal salvaje sin querer matarlo, no tiene corazón.» De este modo aquel disparo, en aquel lugar y antes del alba, fue en realidad una declaración amorosa. ¡Lástima que el arma no fuera entonces de primerísima calidad!

Por lo mismo, pudiera decirse que la caza es siempre una aventura amorosa. El cazador está enamorado de la caza; los verdaderos cazadores están verdaderamente enamorados de los animales. Pero en las horas que dura la caza va la cosa aún más lejos: el cazador está encaprichado con la res que persigue y que quiere hacer suya, hasta el punto de que ya no ve otra cosa en este mundo. Lo malo es que, por lo general, el encaprichamiento no es recíproco. Las gacelas y los antílopes, así como la cebra que se caza en los *safaris* para alimento de los porteadores, son tímidos, se quitan de en medio, desaparecen de modo extraño delante de los ojos de uno; el cazador ha de contar con el viento y el terreno, y arrastrarse hasta su proximidad sigilosamente, sin que ellos adviertan el peligro. Es un arte hermoso y fascinante, lleno del espíritu de esa obra maestra de mi compatriota Soeren Kierkegaard: *El diario de un seductor,* y al mismo tiempo puede proporcionar al cazador momentos dramáticos, así como ocasiones de emplear habilidad y astucia y de felicitarse por el éxito obtenido. Con todo, esta persecución no era para mí lo más importante. Incluso en la peligrosa caza mayor, el búfalo y el rinoceronte atacan muy raramente, a no ser que se les ataque o que ellos piensen que se les ataca.

    La caza del elefante es un deporte muy particular. Y es que el elefante, cazado durante siglos con afán de lucro, ha ido con el tiempo adaptando al hombre a su orden de cosas, bien con honda desconfianza. Nuestra proximidad constituye un reto que él jamás desdeña; nos embiste veloz y en línea recta con toda su colosal y abrumadora estructura, macizo como de hierro forjado y ágil como el agua corriente. «Cada vez que se yergue a las alturas, sienten pavor los poderosos.» Con las orejas prominentes, desplegadas como las alas de un dragón, que le dan un grotesco parecido al perrito faldero que llaman *papillon,* con su trompa formidable, arrugada como un acordeón, surge ante nosotros como un azote levantado. Hay pasión en nuestro encuentro, mutua certidumbre de que la cosa va en serio, mas para él carece de placer la aventura; no lo impulsa más que la ira y viene a saldar un antiguo pleito de familia.

En épocas muy remotas, el elefante llevaba sobre el techo de la tierra una existencia harto satisfactoria para él y digna de servir de ejemplo al resto de la Creación; era la existencia de un ser fuerte y poderoso, que ni atacaba ni era atacado. Este *modus vivendi* idílico y grandioso duró hasta que un viejo pintor chino abrió los ojos a lo sublime del marfil como fondo de sus cuadros, o hasta que una joven danzarina de Zanzíbar abrió los suyos a la belleza de una ajorca de marfil. Entonces empezó el paisaje a poblarse de figuras diminutas que se le acercaban por todas partes: el wanderobo con sus flechas envenenadas; el árabe, buscador de marfil con su larga espingarda de guardamonte de plata, y el blanco, cazador profesional de elefantes con su pesada carabina. Aquella manifestación de la gloria de Dios tornóse en objeto de explotación. ¿Es de extrañar que no nos perdone?

A pesar de todo, hay en los elefantes algo de magnánimo. Perseguir a un rinoceronte en su terreno es faena penosa, pues el espacio que va dejando libre en la espinosa maleza es algunas pulgadas inferior a la estatura del cazador, el cual ha de mantener la cabeza agachada constantemente. Cuando el elefante, en cambio, cruza la espesura, abre tranquilamente un túnel verde y fragante, altísimo como la nave de una catedral. En una ocasión estuve más de quince días siguiendo a una manada de elefantes, sin dejar de caminar a la sombra en todo ese tiempo. (Al final, inesperadamente, me hallé en lo alto de un cerro muy empinado, a salvo de todo peligro, y pude ver todo el rebaño pasando ante mí en fila india. No maté ninguno y jamás los volví a ver.) El mismo aspecto del elefante encierra asimismo una edificante cualidad moral: al ver una vez en la llanura cuatro elefantes juntos, tuve la sensación de contemplar ante mis ojos las negras efigies de piedra de los cuatro Profetas Mayores. En el tablero de ajedrez emprende el elefante su carrera, irresistible, en línea recta; y la más alta condecoración danesa es la Orden del Elefante.

Pero la caza del león es siempre una aventura de perfecta armonía, de hondo y ardiente sentimiento mutuo de deseo y veneración entre dos criaturas nobles e intrépidas, que funcionan con la misma frecuencia de onda. Un león en la llanura guarda más parecido con los antiguos y monumentales leones de piedra que con el león que hoy día vemos en el zoológico; su aspecto conmueve el corazón. No fueron más hondos el asombro y la conmoción del Dante al ver por primera vez a Beatriz en una calle de Florencia. Cada vez que miro al pasado, creo recordar uno por uno todos los leones que he visto; los veo cómo aparecen en escena, su manera de alzar despacio la cabeza y de volverla con rapidez, y el extraño culebreo de su cola. Alabado seas, Señor, por el hermano León, que es tranquilo, tiene zarpas poderosas y fluye por la hierba fluida con la boca enrojecida, silencioso, con el rugido del trueno listo en su pecho. Y él mismo, al verme, ha debido de sentir en algún lugar bajo su regia melena el rumor de un *Te Deum* semejante: Alabado seas, Señor, por mi hermana de Europa, que es joven y ha venido a mí por el llano en la noche.

En el pasado el león tenía probabilidades de salir triunfante del encuentro. Más tarde hemos dispuesto de armas demasiado eficaces para que el cotejo de fuerzas pueda propiamente calificarse de equilibrado, pero con todo eso, a mí me han matado más de un amigo los leones. Hoy día los grandes deportistas cazan con cámaras fotográficas, práctica que comenzó a generalizarse hallándome yo aún en África. Denys, en calidad de cazador blanco, traía millonarios de muchos países que tomaban excelentes fotografías. En mi opinión, tales fotografías (conste que yo veo las cosas de otra manera que la cámara) reproducían los objetos mucho peor que los dibujos que hacían con tiza nuestros porteadores nativos en la puerta de la cocina. Es éste un deporte mucho más refinado que la caza, y si se consigue que el león se preste al juego, se tiene una grata aventura platónica sin efusión de sangre, a cuyo término ambas partes se separan como seres civilizados después de enviarse mutuamente un beso con la punta de los dedos. No soy experta en ese arte; soy bastante buena tiradora, pero me siento incapaz de hacer fotografías.

La primera vez que llegué al África, no sosegaba pensando en cobrar un hermoso ejemplar por lo menos de cada una de las especie de caza que hay en el continente. En los últimos años que allá pasé, no hice un solo disparo como no fuera para proporcionar carne a mis indígenas. Acabó resultándome irrazonable, y hasta feo y vulgar, sacrificar a unas horas de emoción una vida que pertenecía al grandioso paisaje y en el que había vivido diez, veinte o —como en el caso del búfalo y el elefante— cincuenta o cien años. Pero la caza del león era una tentación irresistible y el último lo maté poco tiempo antes de abandonar África.

Aquella mañana de Año Nuevo bajé del coche haciendo el menor ruido posible y, cruzando las altas hierbas húmedas que me mojaban las manos, me eché el rifle a la cara y avancé hacia el león, que se sacudió todo él, se puso en pie y permaneció inmóvil, vuelta hacia mí la paletilla y ofreciéndome el mejor blanco de mi vida. El Sol no rebasaba aún el horizonte y, tras la oscura silueta, el cielo mañanero era claro como el oro líquido. Un pensamiento me asaltó: «Te he visto antes; te conozco bien. Pero ¿de qué, de dónde?» La respuesta no se hizo esperar: «Es uno de los leones del escudo real de Dinamarca; uno de los tres leones azul oscuro en campo de oro. *Lion posant or,* como se dice en el lenguaje heráldico; y además él lo sabe.» Me senté en el suelo; apoyé en la rodilla el rifle de Denys y en el preciso momento de apuntar adopté una resolución: «Como mate a este león, le voy a regalar su piel al rey de Dinamarca.»

El estampido del disparo resonó por el tranquilo paisaje del amanecer y su eco rebotó por las colinas. El león pareció levantarse medio metro por el aire para caer desplomado y quedar inmóvil. El tiro le había dado en el corazón, como tenía que ser.

Ya he referido en mi libro que me senté a ver como Denys y Kanuthia le arrancaban la piel. Después de tantos años, al recuerdo de aquella mañana, todo lo que me rodeaba se hace tan vivo y preciso que me cuesta trabajo volverlo a dejar. Aunque no pensara demasiado en ello, sabía muy bien por aquel entonces que me encontraba a gran altura, sobre el techo del mundo, donde no era más que una figura diminuta en la enorme retorta de tierra y aire, con la que, sin embargo, me sentía solidaria. Lo que no sabía era que estaba en lo alto y en la cumbre de mi propia vida. La hierba de la colina en que me reclinaba parecía césped recortado, pues los masais la habían quemado a trechos para pasto fresco de sus rebaños; el aire de la altura embriagaba como el vino; a mis pies cruzaban las sombras de los buitres. Desde donde estaba podía mirar a lo lejos, a enorme distancia; a lo largo de las altas acacias debajo de mí aparecieron tres jirafas, se detuvieron unos minutos y se volvieron a ir. Alabado seas, Señor, por la hermana jirafa, la andarina, la llena de gracia, la gravísima y distraída, cuya pequeña cabeza sobresale de las hierbas, con sus ojos velados de largas pestañas, tan gran señora que no está bien pensar en sus piernas, sino que se la recuerda flotando sobre la llanura ataviada de largas vestiduras, de ropaje de espejismo y neblina del alba.

Este león era un ejemplar de hermosura excepcional; era lo que en el país se llama un león de melena negra:

la espesa crin negra le nacía de las mismas paletillas. El mozo armero de Denys, que había visto centenares de pieles de león, declaró que ésta era la más hermosa de todas Aquella misma primavera me disponía a visitar Dinamarca después de cuatro años en África; llevé conmigo la piel y, al pasar por Londres, la llevé a la casa Rowland Ward para que la prepararan.

Una vez en Dinamarca, mis amigos se rieron de mí cuando les dije que pensaba regalar la piel del león al rey Cristian X.

—Es de un esnobismo inaudito —dijeron todos.

—No; no lo entenderéis —les respondí—. Ninguno de vosotros sabe lo que es vivir largo tiempo fuera de la patria.

—¿Pero qué diablos va a hacer el Rey con esa piel? —preguntaban—. No creemos que se le ocurra aparecer vestido de Hércules en la recepción del Año Nuevo... ¡Menudo engorro para él!

—Está bien —dije—; si va a ser un engorro para el Rey, que lo sea. Por más que no le faltará un desván en Christiansborg o en Amalienborg donde arrinconarla.

Sucedió que Rowland Ward no pudo tener lista la piel al tiempo de regresar yo a África, en otoño, de modo que no pude ofrecérsela personalmente al Rey y tuve que ceder este privilegio a un viejo tío mío, chambelán de la Corte. Si la piel supuso un engorro para el Rey, éste lo supo disimular con gran nobleza. Al cabo de un tiempo de mi regreso a la granja, recibí una grata carta suya, en la que me daba las gracias por la piel del león.

Una carta de la patria siempre significa mucho para las personas que viven largo tiempo fuera de ella. La llevan varios días en el bolsillo y de vez en cuando la sacan y la releen. Una carta de un rey siempre significa más que una de las otras. La carta del Rey me llegó alrededor de Navidad, y yo me imaginaba la escena del Rey sentado ante su escritorio en Amalienborg, los ojos puestos en la blanca plaza en medio de la cual se alza, cubierta de nieve, la estatua ecuestre de su antepasado el rey Federico V, con peluca y armadura. No hacía tanto tiempo que yo formara parte del mundo de Copenhague. Me guardé la carta en el bolsillo de mi viejo pantalón caqui y monté a caballo para recorrer la granja.

El trabajo que tenía que inspeccionar consistía en limpiar de maleza un cuadrado en la selva, situado a unos tres kilómetros de la casa, y donde yo quería plantar café. Crucé a caballo el bosque, aún húmedo de chubascos. Una vez más volvía a formar parte del mundo de África.

Media hora antes de que yo llegara, los leñadores habían tenido un deplorable accidente. Un árbol al caer había aplastado la pierna a un joven kikuyu llamado Kitau, que no se había apartado a tiempo. Desde cierta distancia podían oírse sus prolongados lamentos. Espoleé a *Rouge* por el sendero de la selva, y cuando llegué al lugar de la desgracia, los compañeros habían arrastrado a Kitau de debajo del árbol caído y lo dejaron tendido en la hierba, agrupándose a su alrededor. Al llegar yo se apartaron, aunque sin alejarse, para apreciar el efecto que en mí causaba la catástrofe y poder oír lo que yo dijera.

Kitau yacía en un charco de sangre; tenía la pierna aplastada por encima de la rodilla, formando con el cuerpo un ángulo cruel y grotesco.

Dejé el caballo a los leñadores y mandé con uno de ellos recado a Farah de que trajera el coche para llevar a Kitau al hospital de Nairobi. Pero mi caja de cerillas marca *Ford* se estaba haciendo vieja, raras veces le funcionaban más de dos cilindros y costaba un triunfo hacerlo arrancar. Con el ánimo abatido me hice a la idea de que iba a tardar en venir.

Mientras esperaba, me senté junto a Kitau. Los demás leñadores se habían retirado a alguna distancia. Kitau sufría mucho y no dejaba de llorar.

En la casa siempre tenía yo morfina para los heridos de la granja, pero en aquel lugar no tenía a mano ni medicina ni jeringa. Kitau, al darse cuenta de que yo estaba junto a él, se puso a gemir de modo lastimero: «*Saidea mimi* —ayúdame—, *Msabu.*» Y otra vez: «*Saidea mimi.* Dame la medicina que alivia a la gente», y me palpaba la mano y la rodilla. Siempre que salía a caballo por la granja, me echaba en los bolsillos azúcar para los totos que apacentaban cabras y corderos en el llano, los cuales, tan pronto como me divisaban, me pedían *succari* a gritos. Le hice comer algunos terrones a Kitau, que no quería o no podía mover las manos magulladas y me dejaba que le pusiera el azúcar en la lengua. Parecía que esta medicina, mientras la tenía en la boca, aliviaba su dolor en alguna medida, porque sus lamentos se trocaron en un leve gimoteo. Pero la provisión de azúcar tocó a su fin, y él volvió a quejarse y a llorar, a la vez que largos espasmos sacudían su cuerpo. Es triste cosa encontrarse al lado de una persona que sufre tan lastimosamente y no poderla ayudar; no se desea otra cosa que levantarse y echar a correr o, como si se tratara de un animal malherido, poner fin a su agonía... Hubo un momento en que creo que miré a mi alrededor buscando un arma para poner tal idea en ejecución. Kitau repetía sus lamentos con la regularidad de un reloj: «¿No tienes más, Msabu? ¿No tienes más que darme?»

Viéndome en un apuro, me llevé la mano al bolsillo y cogí la carta del Rey. «Sí, Kitau —le dije—; tengo otra cosa más. Tengo una cosa *mzuri sana*, estupenda de verdad. Tengo una *Barua a Soldani:* una carta de un rey.» Todo el mundo sabe que una carta de un rey, *mokone yake* —de su puño y letra—, «hace desaparecer el dolor, por maligno que sea». Traté de poner en ello todo mi corazón, allí, en medio de aquella selva donde Kitau y yo estábamos prácticamente solos.

Fue curioso que las palabras o el gesto lograran surtir un efecto casi súbito en él. Se serenó su cara horriblemente contraída y cerró los ojos. Al cabo de un rato volvió a mirarme. Sus ojos eran como los de un niño que aún no tiene uso de la palabra, y casi me sorprendí al oír que me hablaba: «Es *mzuri* —y repetía—. Sí, es *mzuri sana*. Déjamela.»

Cuando el auto llegó por fin y pusimos dentro a Kitau, fui a sentarme al volante, pero él dio entonces muestras de gran inquietud: «No, Msabu —decía—; Farah puede conducir el coche; dile que lo haga él. Quédate a mi lado y ponme la Barua a Soldani en el pecho para que no me vuelva el dolor.» Me tuve que sentar a su lado y mantener la carta en aquella postura hasta Nairobi. Al llegar al hospital, volvió Kitau a cerrar una vez más los ojos y los mantuvo cerrados, como si no quisiera percibir más impresiones. Pero palpando mis ropas con su mano izquierda, se cercioró de que yo seguía a su lado mientras hablaba con el médico y la enfermera. Naturalmente, me permitieron continuar junto a él mientras lo ponían en la camilla, lo llevaban al edificio y lo tendían en la mesa de operaciones; en tanto lo tuve a la vista, permaneció tranquilo.

Puedo decir ahora que en el hospital le compusieron la pierna rota. Al salir podía ya andar, aunque siempre conservó una leve cojera.

También creo que puedo decir que más tarde, ya en Dinamarca, supe por el propio Rey que mi piel de león disfrutaba de un lugar de honor en el salón de ceremonias del castillo de Cristiansborg, haciendo juego con la piel de un oso polar, situada al otro lado del trono.

No tardó en extenderse entre los aparceros de la granja el rumor de que yo poseía esta Barua a Soldani, capaz de obrar milagros. Comenzaron a venir a casa uno a uno, con cautela, para averiguar más detalles; primero, las viejas, picoteando como gallinas, volviendo la cabeza remilgadamente en busca de algún grano para sus polluelos. Pronto dieron en traer a sus enfermos más graves para que les impusiera la carta y así conseguir algún alivio. Cada vez exigían más. Me pedían prestada la carta del Rey por un día, o por un día y una noche, y se la llevaban a la choza para aliviar la agonía de la suegra o el sufrimiento de un niño de pecho.

Desde el primer momento se concedió a la Barua a Soldani el rango exacto que en rigor le correspondía entre mi provisión de medicamentos. Esta decisión fue adoptada por los nativos, sin que yo interviniera para nada en ello. Hacía infaliblemente desaparecer la molestia y no había dolor o punzada que se le resistiese. Pero sólo debía recurrirse a ella en casos extremos.

Alguna vez que otra solía suceder que un paciente con fuerte dolor de muelas me pedía a gritos que le dejara la Barua a Soldani; pero entonces los vecinos expresaban indignados su desaprobación o se reían de él con escarnio. «¡Tú —le gritaban— no tienes más que dolor de muelas! Ve donde el viejo Juma Bemu y que te la saque. ¿Cómo te atreves a pedir la carta del Rey? El viejo Karhegu está en su choza muy enfermo, con largos y terribles dolores de estómago; se va a morir esta noche. Su nietecito ha venido a pedirle a Msabu que le deje la Barua a Soldani hasta mañana. A él es a quien tiene que dársela.» Por entonces había confeccionado una bolsita de cuero con una cuerda para la carta del Rey. El pequeño toto que aguardaba en la terraza tomó el remedio cuidadosamente de mis manos, se lo colgó al cuello y se fue, protegiéndolo con las suyas.

A la mañana siguiente estaba otra vez en la terraza. Desgraciadamente, su abuelo había muerto a la salida del Sol, pero Barua a Soldani le había ayudado a pasar la noche.

He tenido ocasión de comprobar esta actitud o mentalidad de la gente de color en otras cuestiones además. Solían mantener una relación *sui generis* con las condiciones y los modos de vida. Hay cosas que pueden hacerse y otras que no, y acataban la ley aceptando lo que viniere con una especie de reservada humildad... o de orgullo.

Cuando Fátima, la mujer de Farah, fue a dar a luz su primer hijo, se puso muy mal y durante una o dos horas todos los que la rodeaban, su propia madre incluso, llegaron a renunciar a toda esperanza. Su madre, imponente figura en mi explotación agrícola, había dispuesto que estuvieran presentes una docena de damas somalís de las familias más notables de Nairobi. Llegaron en los coches de mulas de Aly Khan, vivarachas y encantadoras, como antiguos cuadros persas, con sus amplias faldas y largos velos, llenas de celo y buena voluntad. Las olas del mundo de las mujeres invadían la casa de Farah, situada a cierta distancia de las chozas de mis domésticos. El propio Farah, grave y sumiso como nunca, y con él el resto de los varones de mi servidumbre, se habían visto arrojados a cien metros de distancia. Las mujeres empezaron de pronto a caldear la habitación de la parturienta hasta dejarla casi al rojo, y a espesar el aire con incienso. Permanecí allí un momento sentada, casi a punto de perder el sentido, no porque creyera que podían necesitarme, sino porque suponía que aquello era lo más correcto que de mí se esperaba.

Fátima era una encantadora criatura de grandes ojos oscuros como los de un antílope, y tan delgada que parecía imposible que tuviera un niño en su interior, flexible de movimientos y de carácter jovial en su vida cotidiana. Cada vez que me acuerdo me da pena de la pobre. Las buenas comadronas estaban atareadas flexionando y estirando a la muchacha y dándole de vez en cuando golpecitos en la rabadilla como para hacerle expulsar el niño a puñetazos. El tiempo que allá estuve no les vi administrarle más que una clase de medicamento: una de las matronas trajo un dornillo de barro en cuyo interior un hombre santo del poblado había trazado con carbón un texto del Corán; enjuagaron la inscripción a conciencia y fueron echando el agua en la boca de la joven parturienta.

El gran acontecimiento de la granja tuvo lugar con motivo de la primera visita que hizo al país el entonces Príncipe de Gales, hoy duque de Windsor. Entre las festividades en su honor hubo en Nairobi un concurso hípico en el que inscribí a mi poney *Poor-Box,* que por entonces se entrenaba en Limoru, para competir en la carrera de obstáculos. Ahora, y cuando la cosa se ponía muy negra, me acordé de repente haber prometido llevarle a mi poney un saco de avena, por lo que debía ausentarme durante un par de horas. Cogí el coche y me marché llena de tristeza, llevando conmigo a Kamante.

A la vuelta de Limoru pasé por delante de la Misión francesa y recordé que los Padres me habían prometido facilitarme la simiente de cierta clase de lechuga francesa. Al parar el coche, Kamante, que no había abierto la boca en todo el viaje, hizo ademán de hablarme.

Fátima gozaba de la estima de Kamante, hasta el punto de ser el único ser humano acerca de cuya inteligencia él había expresado algo parecido al respeto. «¿Vas a entrar en la iglesia—me preguntó— a pedir a esa señora amiga tuya que saque a Fátima de apuro?» La señora de la iglesia, mi amiga, era la Virgen María, cuya imagen había visto Kamante cuando en Nochebuena me acompañara a la Misa del Gallo. No había manera de negarme, por lo que dije que sí y entré en la iglesia antes de pasar al refectorio. En el templo hacía frío y en el rostro de la vulgarísima imagen de cartón piedra, con su azucena en la mano, algo había que daba sosiego y esperanza.

Al regresar a mi casa, el niño de Fátima había nacido ya y ella se encontraba perfectamente. Fui a dar la enhorabuena a la madre de ella y a Farah en su selvático destierro. El niñito nacido aquel día fue Ahamed, conocido por Sanfe, y con el tiempo llegó a ser todo un personaje en la granja. Kamante me dijo: «¿Ves, Msabu? Estuvo bien el recordarte que pidieras a la señora amiga tuya su ayuda para Fátima.»

Ahora, cualquiera pensaría que, sabedor de mi intimidad con persona tan poderosa, Kamante vendría en otra ocasión a hacer uso de ello. Nunca ocurrió así. Hay cosas que se pueden hacer y cosas que no. Y el que conoce las leyes debe acatarlas.

Con el tiempo, sin embargo, mis aparceros trataron de saber más cosas acerca de aquel Rey de mi país que había escrito la carta. Me preguntaban si era alto, y a este respecto pienso que aún seguían bajo la impresión de la personalidad del Príncipe de Gales, que había cenado en la granja y los había llenado de asombro por ser tan delgado y menudo, siendo un personaje tan poderoso. Tuve la satisfacción de poder decirles que no había en todo el reino hombre cuya estatura aventajara a la del Rey. Entonces querían saber si el caballo que montaba era más *kali* —fogoso— que mi caballo *Rouge*. Y que si reía. Esto último tenía gran importancia en nuestras relaciones con los nativos. «Tu *kabilla* (tribu) —me decían— es diferente de las de los otros blancos. Tú no te enfadas con nosotros, como ellos. Tú te ríes con nosotros.»

Aún conservo la carta del Rey, pero está indescifrable, tieso el papel por la sangre y el pus tras muchos años.

En una vitrina del Museo de Rosenborg, en Copenhague, puede ver el turista un retal amarillo manchado como de herrumbre. Es el pañuelo del rey Cristian IV, con el que éste se tapó la cuenca del ojo al vaciársela una bala sueca en la batalla naval de Kolberger Heide, hace ya trescientos años. Un poeta danés del siglo pasado ha escrito una oda entusiasta a estas manchas gloriosas y edificantes.

La sangre de mi papel no es edificante ni gloriosa. Es la sangre de una nación torpe. Pero la letra es la de un rey, *mokone yake.* Aunque nadie le dedique una oda a mi carta, sigue en mi opinión teniendo aún hoy tanta historia como la reliquia de Rosenborg. En ella se ha firmado con sangre un pacto entre los europeos y los africanos, y no es probable que en torno a sus relaciones vuelva ya a redactarse otro documento que se le parezca.

El gran gesto

Llegué a gozar de cierta fama como médico entre los aparceros de la granja; hasta de Limoru o de Kijabe acudían los pacientes a mi consulta. Al comienzo de mi carrera había practicado algunas curas con una suerte prodigiosa, y esto había hecho que mi nombre se extendiera por las *manyattas*. Posteriormente llegué a cometer grandes errores, que me afligen cada vez que los recuerdo, pero mi prestigio no pareció salir menoscabado e incluso a veces llegué a pensar que la gente me tenía ley precisamente por no ser yo infalible. Este rasgo es también característico de los africanos en otras de sus relaciones con los europeos.

Mi hora de consulta oscilaba aproximadamente entre las nueve y las diez y tenía lugar en la terraza empedrada al este de mi casa.

La mayor parte de los días mis actividades se reducían a llevar en el coche a los enfermos al hospital de Nairobi o al de la Misión escocesa en el territorio kikuyu, ambos buenos. Siempre había algún caso de peste en un lugar u otro del distrito; entonces debíamos llevar a los pacientes al hospital de lucha contra la peste, en Nairobi, de lo contrario la granja era puesta en cuarentena. A mí la peste no me daba miedo, pues sabía que de esa enfermedad lo mismo puede uno morirse que levantarse tan sano como antes y porque, además, consideraba noble morir de una enfermedad a la que papas y reinas habían sucumbido. También se daban casos de viruela casi constantemente, y al mirar aquellas caras jóvenes y viejas en torno mío marcadas de agujeritos, como dedales, para el resto de sus vidas, no podía menos de sentir escalofríos; pero las disposiciones del Gobierno nos tenían sometidos a frecuentes inoculaciones antivariólicas. En cuanto a otras enfermedades como la meningitis o las fiebres tifoideas, jamás me pasó por la cabeza el más leve temor de contagio, por mucho que llevara a los enfermos a Nairobi en el coche o tratara de curarlos en la granja: puede que en mí la fe obedeciera en un instinto, puede que fuera ya en sí una especie de protección. El primer *sais* que tuve en la granja, Malindi —gran hombre con los caballos, por más que fuera enano—, llegó a morir de meningitis prácticamente en mis brazos.

La mayoría de los casos que se me presentaban consistían en accidentes de importancia secundaria acaecidos en la explotación: huesos rotos, cortes, magullamientos, quemaduras, o bien enfriamientos, enfermedades de los niños y afecciones a la vista. Al principio apenas si sabía lo más elemental de lo que se suele enseñar en un curso de enfermeras. La destreza que fui adquiriendo se debió sobre todo a experiencias hechas con mis pacientes, pues la vocación de médico es desmoralizadora. Llegué incluso a entablillar un brazo fracturado o un tobillo sin otra guía en toda la operación que el propio paciente, que pudiendo probablemente hacerse la cura él mismo, se complacía en hacérmela hacer a mí. Varias veces me incitó la ambición a acometer empresas de las que luego debía desistir. Siempre deseaba administrar Salvarsán a mis pacientes, pues en aquellos días esta medicina era relativamente reciente y se administraba en grandes dosis, pero aunque siempre tuve el pulso firme para las armas de fuego, me ponía a temblar en presencia de la jeringa para inyecciones intravenosas. A la disentería la podía mantener, por lo común, a raya con pequeñas y frecuentes dosis de sal de la Higuera, y al paludismo con quinina. Sin embargo, en un caso de paludismo estuve a punto de cometer un asesinato.

Un día, a comienzos de las grandes lluvias, Berkeley Cole, que venía del interior del país, pasó por la granja camino de Nairobi. Unos minutos más tarde apareció Juma para decir que fuera aguardaba un viejo jefe masai con su séquito, el cual venía a pedir algún medicamento para un hijo suyo que había caído enfermo de paludismo, a juzgar por los síntomas que describía.

Los masais eran vecinos míos: sólo tenía que cruzar el río que formaba la linde de mi granja para encontrarme en su Reserva. Pero no siempre permanecían allá los masais. Solían viajar con sus grandes rebaños de ganado vacuno de una a otra parte de la zona herbosa, de una extensión aproximada a la de Irlanda, según las lluvias y el estado de los pastos. Cada vez que volvían a las proximidades de mis posesiones y plantaban sus tiendas de cuero de vaca para quedarse algún tiempo, me lo notificaban y yo iba entonces a hacerles una visita.

De haberme encontrado sola aquella tarde, habría salido para hablar del caso con el viejo jefe, darle la quinina y pedirle noticias de los masais. Pero Berkeley, que con uno o dos tragos se había repuesto de su viaje abrasador, estaba tan delicioso y deslumbrante haciéndome el relato de sus viejos recuerdos irlandeses, que decidí continuar a su lado y no interrumpirle. Le di las llaves del botiquín a Kamante, que en su calidad de diestro enfermero a mis órdenes había administrado quinina cien veces a nuestros pacientes, y le dije que le entregara las tabletas al padre del enfermo y le explicara que debía darle al muchacho dos por la noche y seis en el transcurso del siguiente día. Pero después de cenar, estando sentada con Berkeley junto a la chimenea escuchando los discos de *Petruchka* que me acababan de llegar de Europa, volvió Juma a hacer su aparición en la puerta con su largo kansu blanco como un espectro ominoso para comunicarme que el viejo masai había vuelto, acompañado de algunos de sus hombres. Por lo visto, su hijo, una vez tomada la medicina, se había puesto malísimo con terribles dolores de estómago. Hice entrar al jefe masai y vi que se trataba de un viejo conocido. También conocía muy bien a su hijo, que se llamaba Sandoa; como el gran jefe masai, hacía dos años que era un *Moran,* y fue el que me enseñó a manejar el arco y la flecha. Cayendo en la cuenta de que ni el más inteligente de los indígenas se halla completamente a salvo de los más inexplicables accesos de idiotez, hice despertar a Kamante y le mandé que me enseñara la caja de donde había sacado la quinira. Era lisol.

Berkeley dijo: «Vamos para allá en seguida.» Pero estaba lloviendo a cántaros; la carretera del puente de Mbagathi estaba intransitable, por lo que era inútil intentar ir en coche; no quedaba sino atajar a pie por el río. Cogí el bicarbonato y el aceite que siempre usaba para los casos de envenenamiento por sustancias corrosivas y nos hicimos acompañar por dos muchachos con linternas de temporal. Los masais también traían linternas. La bajada hacia el río por los altos matorrales y las largas hierbas mojadas era pendiente y pedregosa, pero los masais sabían de un camino mejor que el que yo utilizaba con el caballo, y así que llegamos al río, que venía muy crecido con la lluvia, me pasaron en sus brazos.

Nadie había hablado por el camino. Así que, ya al otro lado del río, subiendo por la larga ladera de la Reserva masai, le dije a Berkeley: «Si Sandoa ha muerto ya cuando lleguemos allá, no pienso regresar a la granja. Me quedaré con los masais, suponiendo que ellos quieran.» Berkeley no respondió una palabra, pero al cabo de unos instantes me soltó inopinadamente una palabrota de lo más violento. En ese momento acababa de poner el pie encima de la larga columna de una formación de *siafu,* las temidísimas hormigas carnívoras del África, capaces de devorar a un hombre vivo. En la perrera, por la noche, mis perros, al sentirse atacados por las *siafu,* se ponían a aullar lastimosamente en su agonía hasta que alguien acudía en su auxilio. A mi amiga Ingrid Lindström, de Njoro, estas asesinas le devoraron una vez toda su manada de pavos. Salen sobre todo por la noche y en la estación de las lluvias. Si uno se ve atacado por las *siafu,* no queda otro recurso que despojarse de las ropas y hacer que la persona más próxima le arranque los insectos de la carne. Al volverme para ver qué le pasaba a Berkeley, lo vi en medio de la infinita noche negra del África y de la llanura masai, con los calzones caídos, dando pisotones como si estuviera chapoteando, mientras que un toto le alumbraba con una linterna de temporal y otro le iba quitando las voraces y feroces bestezuelas de aquellas piernas de extraña blancura.

Cuando llegamos a la *manyatta* de los masais hallamos a Sandoa todavía con vida. Por un golpe de suerte, o acaso por una especie de intuición, no había tomado más que una tableta del medicamento de Kamante... También cabía dentro de lo posible que los intestinos de los morani masais fueran más duros que los del resto de los humanos. Le administré el bicarbonato y el aceite, convencida de que debería arrodillarme en acción de gracias, y pude comprobar que mejoraba a ojos vistas antes de que Berkeley y yo emprendiéramos el regreso con las luces grises del alba.

Las picaduras de serpiente eran frecuentes, pero aunque se me murieron por ello bueyes y perros, jamás se me murió un ser humano. La cobra escupidora causaba dolor y grandes molestias. No puedo borrar de mis ojos la imagen de la vieja mujer de un aparcero que se acercaba a tropezones a la casa, quejándose y ciega porque una bicha le había escupido en la cara, estando ella cortando leña en la selva; la debía de haber sorprendido con la boca abierta, porque la lengua y las encías se le habían hinchado horriblemente y aparecían ahora de un violáceo mortecino. Pero el efecto del veneno pudo ser contrarrestado con aceite y bicarbonato y desapareció al cabo de un tiempo.

La moda —el afán de ser *comme il faut*— se hizo sentir en las enfermedades de la granja al igual que en otros aspectos de la vida de los indígenas. Hubo una época en que lo *chic* era venir a casa en busca de medicina contra las lombrices. Nunca llegué a probar el brebaje, que ya en la botella tenía un repelente aspecto de cieno verde, pero viejos y jóvenes tenían a gala el beberlo. Por fin hube de advertir a mis pacientes de mi falta de fe en su necesidad de tomar medicamento contra las lombrices y que si pretendían seguir tomándolo como aperitivo iban a tener que comprárselo de entonces en adelante; de esta manera puse fin a tan curiosa especie de dandismo. Dos años más tarde se me presentó en la casa un aparcero viejísimo y me pidió que le diera «la medicina verde». Su mujer, según me dijo, tenía una *nyoka* —palabra que en realidad significa serpiente— en el estómago, y por las noches se ponía la bicha a bramar de tal modo que no los dejaba dormir a ninguno de los dos. Tal como estaba en el umbral presentaba un aspecto *démodé,* de póstumo seguidor de una moda del pasado.

Mis pacientes y yo colaborábamos y nos entendíamos perfectamente. Denys mantenía que el talento de mi vida consistía en tener un «salón» como los de Madame du Deffand o Mademoiselle de Lespinasse, y que no de otro modo podía calificarse mi trato con los nativos. No digo que se equivocara; es más, diré que el lugar ideal de reunión de dos razas distintas es el «salón» y que su espíritu debe inspirar nuestras mutuas relaciones. Sólo una sombra se cernía sobre la terraza: la del hospital. En el curso de mis primeros años en África, hasta el final de la primera Guerra Mundial, la sombra fue leve como la de los árboles en primavera; después se hizo más grande y oscura.

Durante algunos de los años que pasé en la granja ostenté el cargo de *fermier général* en el territorio; es decir: con objeto de ahorrar dificultades al Gobierno, yo me encargaba de recaudar los impuestos de mis aparceros, enviando luego a Nairobi la suma total. En este cometido tuve que escuchar muchas veces a los kikuyus quejarse de que se les hiciera soltar dinero para cosas que no les hacían la menor falta, tales como carreteras, ferrocarriles, alumbrado público, policía... y hospitales.

Yo quería comprenderlos y saber hasta dónde llegaba su oposición contra el hospital y a qué era debida, pero no era esto cosa fácil: no me decían una palabra, no contestaban a mis preguntas, como si estuvieran muertos ante mis ojos, según la costumbre africana. Hay que esperar y tener paciencia hasta que se presenta el momento propicio de capturar a estos tímidos pájaros oscuros.

Fue a Sirunga al que le tocó darme alguna información con uno de sus leves movimientos de azogue.

Sirunga era uno de los numerosos nietos de Kaninu, mi gran aparcero, pero su padre era masai. Su madre había sido una de las lindas muchachas que Kaninu vendió al otro lado del río, pero que había vuelto al fin con su hijo a la tierra de su padre. Era una criatura pequeña y frágil con una gracia pronta, salvaje y fugitiva en todos sus movimientos y una imaginación del mismo estilo, loca e inconsciente, tal como no había visto en otro niño indígena y que acaso se debiera a la mezcla de sangres. Los demás muchachos se apartaban de Sirunga, le llamaban

«Sheitani» —el Diablo—, cosa que al principio me daba risa —pues por mucha maldad que tuviera, Sirunga no podía ser más que un diablo pequeño—, hasta que me fui dando cuenta de que, a los ojos de los muchachos, estaba poseído por el diablo, circunstancia que su misma pequeñez hacía aún más trágica. Sirunga padecía de epilepsia. No lo sabía yo hasta que tuve ocasión de verlo en un ataque. Estaba echada en el césped delante de la casa charlando con él y con otros totos cuando se levantó de súbito y anunció: *«Na taka kufa»* —«Me estoy muriendo», o literalmente «Quiero morir», que es como se dice en suahili—. El rostro se le quedó inmóvil, la boca con un rictus de dolor. Los muchachos que lo rodeaban salieron de estampía en todas direcciones. Cuando por fin le vino el ataque, fue algo horrible: se puso rígido y comenzó a echar espuma por la boca. Lo sujeté con mis brazos; nunca había presenciado un ataque epiléptico y no sabía qué hacer. El asombro de Sirunga al volver en sí y verse en mis brazos fue profundísimo; estaba acostumbrado a ver cómo todo el mundo echaba a correr cada vez que le daba el ataque y sus oscuros ojos me miraban con una expresión casi hostil. No obstante, no consintió desde entonces en apartarse de mi lado: ya en otro lugar he escrito que Sirunga ostentaba un cargo de bufón ingenioso y que me seguía a todas partes como una pequeña y revoltosa sombra negra. Sus caprichos y fantasías, absolutamente sin pies ni cabeza, formaban una gran confusión y confundían al que le prestaba oídos. En una época de epidemia en la granja, me explicó Sirunga que una vez, hacía mucho, mucho, mucho tiempo, todo el mundo había estado muy enfermo. «Eso fue, Msabu, cuando el Sol estaba preñado de la Luna —iba por ahí con la Luna en el estómago—, pero así que la Luna le saltó fuera y nació, todos volvieron a ponerse buenos.» Yo no podía hallar la relación entre su fantasía y los hospitales, en los que no se conseguía este tipo de curación universal. Fueron las palabras «hacía mucho, mucho, mucho tiempo» las que me dieron la clave.

En los tiempos en que los indígenas de las tierras altas tenían libertad de morir como les viniera en gana, seguían los usos habituales de sus padres y madres. Cuando un kikuyu caía enfermo, su gente lo sacaba al exterior en su camastro hecho de palos y pieles, ya que si moría dentro de la choza, ésta no podría volver a ser habitada y había que quemarla. Fuera, bajo los altos flecos de los árboles, la familia se sentaba alrededor suyo y le daba compañía, acudían los aparceros amigos con noticias y murmuraciones de la granja y al llegar la noche rodeaban el lecho de pequeñas hogueras. Si el enfermo mejoraba lo volvían a meter en la choza; si moría lo llevaban a la llanura, al otro lado del río, y allí lo abandonaban para que los buitres, los chacales y los leones de las colinas le sacaran brillo a los huesos.

A mí personalmente me parecía muy bien esta práctica indígena y di órdenes a Farah —que mostraba por ella gran aversión, ya que los mahometanos tapian las tumbas de sus muertos y les tributan solemnes funerales— que si yo moría en la granja, me hiciera pasar el río igual que mis viejos aparceros. Se ponían de manifiesto tantas cualidades auténticas de las tierras altas en aquel *castrum doloris* bajo el inmenso firmamento, con sus salvajes, libres y voraces enterradores: drama silencioso, una especie de silenciosa diversión, cuyo personaje principal sería al cabo de uno o dos días una nobleza sonriente y silenciosa. Un silencioso y universal espíritu de consentimiento.

El Gobierno prohibió y puso fin a las prácticas funerarias de los viejos tiempos y los nativos hubieron de someterse de mala gana. El Gobierno y las misiones emprendieron entonces la construcción de hospitales y, en vista de la resistencia de los nativos a entrar en ellos, expresaron su sorpresa y su indignación y tacharon a éstos de ingratos, supersticiosos y cobardes.

A pesar de todo, los africanos les tenían al dolor y a la muerte menos miedo del que nosotros les tenemos, y la vida les había enseñado la incertidumbre de todas las cosas; estaban siempre dispuestos a correr el riesgo que fuera. Un viejo con dolor de cabeza me preguntó una vez si no podría cortársela, extraerle el mal que había dentro y volverla a colocar en su sitio, y si yo hubiese dicho que sí, con seguridad que me hubiera permitido hacer con él el experimento. Eran otras cosas nuestras las que causaban su irritación.

Nuestra civilización se les presentaba a trozos, como piezas incoherentes de un mecanismo que jamás habían visto actuar y cuyo funcionamiento eran incapaces de imaginarse. Para ellos no habíamos hecho sino transformar el rito en rutina. Lo que más habían llegado a temer en nosotros era el aburrimiento; por eso al ser llevados a un hospital sentían, por supuesto, que se les internaba allí para que se murieran de aburrimiento.

Estaban además muy arraigados en su naturaleza; sus raíces ahondaban en la tierra, se alargaban hasta el pasado y, como todas las raíces, pedían oscuridad. Cuando, con su mente pequeña y confusa de kikuyu-masai, Sirunga me diera una pequeña clave deformada, la referencia a un pasado —«hacía mucho, mucho, mucho tiempo»—, un milenario pasado africano, la apliqué a mi sistema de ideas. Hube de reflexionar entonces que nosotros los blancos sufríamos un error cuando en nuestro trato con los pueblos del viejo continente olvidábamos o ignorábamos su pasado o renunciábamos a admitir su existencia anteriormente a nuestra llegada. Con toda idea habíamos despojado de dimensión la imagen que de ellos teníamos, con lo cual la dejábamos deformarse a nuestros ojos y perder sus contornos naturales de dignidad y armonía; de este error visual derivaban hondas y tristes discrepancias recíprocas. Vi esta opinión confirmada posteriormente al observar el hecho de que los blancos para quienes el pasado era aún una realidad viva —gentes en cuya memoria todavía alentaba el pasado de su país, su nombre y su sangre—, se llevaban mucho mejor con los africanos y convivían con ellos más de cerca, que otros para quienes el mundo había sido creado la víspera o el día en que tuvieron por primera vez un coche.

Los seres de piel oscura, pues, al advertir la proximidad del listo médico de Volaia experimentaban la misma clase de angustia que es de imaginar experimente un árbol al advertir la proximidad de un celoso guardabosque que viene a sacarle las raíces para examinárselas. Les producían unas náuseas mortales e instintivas los reconocimientos médicos en los hospitales, y lo mismo les pasaba con el *kipanda,* el pasaporte con el nombre y datos del titular que años más tarde hizo obligatorio el Gobierno para todos los indígenas de las tierras altas.

«Nosotras, las naciones de Europa —pensaba yo—, que no tememos iluminar nuestros más recónditos mecanismos, estamos deslumbrando aquí con los focos de nuestra civilización estos ojos oscuros, bien puestos como los ojos de las palomas junto a las aguas (Salomón, V, 12) y esencialmente distintos de los nuestros. Si continuamos por mucho tiempo deslumbrando y cegando de este modo a los africanos, puede que al final suscitemos en ellos una añoranza por las tinieblas, que los arrastrará a los desfiladeros de sus propias montañas desconocidas y de sus propias mentes ignotas.

»Podemos, si así lo preferimos, desear la llegada del día en que los hayamos convencido de que es una empresa grata y meritoria el arrojar luz sobre todo un continente. Mas para ello les serán precisos otros ojos, los mismos que ya poseen los inteligentes, prácticos y viles suahilis del litoral.»

Todas estas circunstancias daban ocasión a que me viera de vez en cuando sin trabajo como médico y a que mi consulta permaneciera vacía.

Esto solía suceder después de haber llevado a un paciente al hospital. Pero también podía ser originado, de modo imprevisto, por razones desconocidas para mí e imposibles de conocer en absoluto, lo mismo que los descansos repentinos que de pronto se toman los trabajadores en el campo. Luego, al cabo de una semana, me traían a lo mejor un paciente o dos con fiebre alta o con un miembro roto, demasiado enfermos ya para un tratamiento eficaz. Tenía la impresión de que me estaban tomando el pelo y perdía la paciencia con ellos. Les hablaba entonces sin piedad:

«¿Por qué tenéis que esperar a venir a mí con vuestros brazos y piernas rotos hasta que estén gangrenados? Luego, al llevaros a Nairobi, el hedor me da náuseas... ¿O con un ojo ulcerado hasta que el globo se haya encogido y consumido para que no pueda curarlo ni el médico más listo de todo Volaia? La vieja gorda Msabu enfermera del hospital de Nairobi se pondrá otra vez furiosa conmigo y me dirá que me da igual que se muera o no la gente de mi granja... Ahora, que en lo sucesivo va a tener razón. Sois más testarudos que vuestras cabras y vuestras borregas, y estoy harta de trabajar para vosotros y desde ahora en adelante les pondré vendajes y les daré medicamentos a vuestras cabras y a vuestras borregas y os dejaré que seáis cojos y tuertos, que es lo que os gusta.»

Después de esto se quedaban un rato sin pronunciar palabra, y por fin, con voz dolida, me hacían saber que en lo sucesivo vendrían a mí con sus lesiones a tiempo, si, por mi parte, les prometía no llevarlos al hospital.

En los últimos meses que pasé en la granja, cuando ya se me iba dando poco a poco a entender que mi batalla de tantos años estaba perdida y que habría de renunciar a mi vida en África y regresar a Europa, vino a mi consulta un niñito de seis o siete años llamado Wawerru con graves quemaduras en ambas piernas. Las quemaduras eran cosa frecuente entre los kikuyus, ya que ponían un montón de brasas en medio de la choza, se echaban a dormir alrededor y solía ocurrir que en el transcurso de la noche las brasas resbalaran y fueran a parar sobre los durmientes.

En medio de una existencia extraña e irreal, desconectada del pasado y del futuro, los instantes que pasé asistiendo a Wawerru fueron gratos para mí como la brisa sobre una llanura abrasada. Los Padres franceses me habían regalado un nuevo tipo de ungüento para las quemaduras, recién llegado de Francia. Wawerru era un muchacho endeble, de ojos rasgados, hijo menor y mimado de su familia hasta el punto de creer que todos le tenían que dar gusto; bien él o sus hermanos mayores que lo habían traído a casa se las habían arreglado para que les entrara en la cabeza que el tratamiento tenía que ser cada tres días, con lo que las llagas se le iban sanando. Kamante sabía muy bien, como practicante mío que era, cuánta satisfacción me proporcionaba aquella tarea; cada tres días buscaba con sus ojos de lince al pequeño grupo entre los pacientes de la terraza, y una vez que dejaron de venir, se tomó la molestia de bajar a la *manyatta* de Wawerru para recordar a la familia sus deberes. De pronto, Wawerru dejó de aparecer, se esfumó de mi existencia. Pregunté por él a otro toto. «*Sejui*» —no sé—, me respondió. Días más tarde bajé a la *manyatta* seguida de mis perros.

La *manyatta* estaba situada al pie de una extensa ladera cubierta de césped y se componía de gran número de chozas, pues el padre de Wawerru tenía varias mujeres, cada una de las cuales vivía en su choza respectiva, en tanto que él —al modo de los kikuyus más ricos— tenía su propia choza en el centro, a la cual podía retirarse del mundo femenino para meditar en paz; completaba el poblado un suburbio irregular de grandes y pequeños graneros.

Al bajar la ladera pude ver al propio Wawerru sentado en la hierba, jugando con otros totos. Uno de sus compañeros de juego se dio cuenta de mí y se lo advirtió, y él, sin pensarlo dos veces ni mirar siquiera, salió corriendo hacia el laberinto de chozas y desapareció ante mis ojos. Como tenía aún muy débiles las piernas para sostenerse, salió gateando a cuatro patas como un ratón, con prodigiosa velocidad. Tanta ingratitud provocó en mí un violento acceso de rabia. Puse a *Rouge* al galope corto para darle alcance y en el preciso momento en que yo saltaba de la silla y corría tras él, se escabulló dentro de una choza, exactamente como un ratón en su agujero. *Rouge* era un caballo juicioso, y si yo lo dejaba con las riendas sueltas sobre el pescuezo, se quedaría quieto y me aguardaría. En la mano tenía yo el látigo de montar. Al pasar de la luz del Sol al interior de la choza, me hallé casi a oscuras; dentro había unas cuantas figuras imprecisas, hombres o mujeres. Wawerru, al darse cuenta de que estaba cazado, se echó boca abajo sin decir una palabra. Entonces pude ver que se había quitado los largos vendajes que tan cuidadosamente le pusiera yo y que tenía todas las piernas untadas de arriba abajo con una espesa capa de boñiga. En realidad la boñiga no es un mal remedio contra las quemaduras, pues se seca rápidamente y aisla del aire. Pero en aquel momento, ver y oler aquello me produjo náuseas mortales y por una especie de instinto de conservación empuñé con fuerza el látigo.

Nunca hasta entonces se me había ocurrido establecer una asociación mental entre mi éxito o mi fracaso en la cura de las piernas de Wawerru y mi propio destino, o el destino de la granja. Mientras estaba allí en la choza, acostumbrando mis ojos a la penumbra, vi que ambos eran uno solo y que el mundo en torno mío se entristecía infinitamente hasta convertirse en un lugar sin esperanza. Me había aventurado a creer que los esfuerzos míos lograrían derrotar al destino, y ahora me daba cuenta de mi gran equivocación. Me acababan de presentar un balance que probaba que todo lo que yo emprendiera estaba destinado a fracasar. Mi cosecha iba a ser boñiga. Recordé la vieja canción jacobita:

> *Se ha hecho ya lo que hacerse podía.*
> *Y todo ha resultado en vano.*

No dije una palabra ni pude emitir sonido alguno. Pero bajo mis párpados se acumularon las lágrimas y no pude contenerlas. En unos instantes sentí mi rostro bañado en llanto. Es posible que permaneciera allí de pie mucho tiempo, en el hondo silencio de la choza. Como había que poner fin de algún modo a aquella situación, di media vuelta y salí, y era mi llanto tan copioso que por dos veces equivoqué la salida. Fuera de la choza hallé a *Rouge* aguardándome; subí a la silla y me puse lentamente en camino. Apenas había cabalgado unos diez metros, cuando me volví para ver si mis perros me seguían. Vi entonces que un grupo de gente había salido de la choza y me miraba. Otros diez o veinte metros más adelante volví a pensar en la cosa y no dejó de chocarme conducta tan poco corriente por parte de mis aparceros. En general, a no ser que quisieran algo y me lo pidieran a gritos —como cuando los totos, surgiendo de las altas hierbas, berreaban pidiendo azúcar— o que salieran a despedirme exclamando cordialmente: «¡Jambu, Msabu!», me veían pasar sin hacerme demasiado caso. Me volví para mirarlos de nuevo. Esta vez había aún más gente en el césped, todos inmóviles, siguiéndome con los ojos. Desde luego, toda la población de la *manyatta* había salido para vernos a *Rouge* y a mí desaparecer en la llanura. Entonces pensé: «Nunca hasta ahora me habían visto llorar. Acaso nunca creyeron que pudiera llorar un blanco. No debí haberlo hecho.»

Los perros venían detrás de mí, una vez terminada su investigación de los diversos olores de la *manyatta* y de perseguir a las gallinas. Volvimos juntos a casa.

A la mañana siguiente, muy temprano, antes de que Juma entrara a correr las cortinas de mis ventanas, la intensidad del silencio en torno mío me hizo notar que no lejos se había agrupado una multitud. Ya anteriormente había pasado por una experiencia semejante, de la que ya he escrito algo. Es una cualidad de los africanos: dan a conocer su presencia por medios que no son ni la vista ni el oído ni el olfato, de modo que no puede uno decirse: «Los veo», «los oigo» o «los huelo», sino: «Ahí están.» Los animales salvajes poseen esa misma cualidad, pero los domésticos la han perdido.

«Han llegado hasta aquí, entonces —reflexioné—. ¿Qué me traerán?» Me levanté y salí.

En la terraza había, en efecto, muchísima gente. Yo los miraba en silencio y ellos, en silencio también, me rodeaban. Estaba claro que si hubiera querido irme no me habrían dejado. Había allí viejos hombres y mujeres, madres con sus bebés a la espalda, moranis insolentes, recatadas nditos y bulliciosos totos de ojos vivarachos. Pasé la mirada de una a otra cara y me di cuenta de algo en lo que nunca había pensado durante nuestra convivencia cotidiana: que eran muy morenos, mucho más morenos que yo. Poco a poco se fue estrechando el cerco.

Al verse frente a esta especie de muda y mortal decisión por parte del africano, un europeo trata de hallar palabras con que concretarla y darle expresión, de la misma manera que en los cuentos de hadas el hombre que opone sus fuerzas al gigante ha de averiguar el nombre de su adversario y encadenarlo a una palabra para no verse perdido de una manera oscura y fabulosa. Hubo un segundo en que mi mente enloquecida respondió a la situación con una pregunta incongruente: «¿Tienen intención de matarme?» Pero al instante di con la fórmula adecuada. Las gentes de mi granja habían venido para decirme: «Ha llegado la hora.» «En efecto, ha llegado —asentí mentalmente—. ¿Pero la hora de qué?»

Una vieja mujer fue la primera en abrir la boca.

Todas las viejas de la granja eran buenas amigas mías. Yo las veía con menos frecuencia que a los pequeños e inquietos totos, que siempre estaban rondando por la casa, pero ellas habían convenido en dar por supuesta la existencia de una intimidad y una armonía especiales entre ellas y yo, como si todas hubieran sido tías mías. Con los años, las mujeres kikuyus se encogen y ennegrecen aún más, y si se las compara con las nditos color canela, llenas de savia, tersas lianas de la selva, ellas parecen trozos de cisco, sin peso, disecadas del todo, con una especie de hosca jocosidad en el fondo, productos refinados del hábil horno de carbón de la existencia.

La vieja mujer de la terraza me presentaba su mano derecha cogiéndosela con la izquierda, como si la fuera a regalar. Una quemadura escarlata le cruzaba la muñeca. «Msabu —sollozó en mi cara—, tengo la mano mala, mala. Necesita medicina.» La quemadura era superficial.

Luego vino un viejo que se había dado con el hacha un corte en la pierna; luego dos madres con niños calenturientos; luego un morani con el labio partido y otro con un tobillo dislocado, y una ndito con una contusión en el redondo seno. Ninguna de los heridas era grave. Tuve incluso que examinar una colección de astillas en la palma de la mano de uno que había trepado a un árbol en busca de miel.

Poco a poco me fui haciendo cargo de la situación. Me di cuenta de que la gente de mi granja, en un gran gesto colectivo, había acordado traerme aquel día aquello que siempre quise de ellos contra toda razón y contra la inclinación de su naturaleza. Seguro que habrían estado buscando una solución, aleccionándose mutuamente, discutiendo la cosa: «La hemos estado tratando con demasiada dureza. Está claro que no puede aguantar más. Ha llegado la hora de ser indulgentes con ella.»

No había manera de descartar con explicaciones el hecho de habérseme puesto en ridículo. De todos modos, se me ponía en ridículo con mucha generosidad.

Al cabo de uno o dos minutos no pude contener la risa. Ellos, que espiaban mi rostro, al notar el cambio, me imitaron. Una tras otra todas las caras a mi alrededor se animaban y rompían a reír. En las caras desdentadas de las mujeres viejas cien arrugas delicadas trocaban mejillas y mentón en una radiante máscara barroca, pues ya no eran las cicatrices de la guerra de la vida, sino las huellas de muchas risas.

El júbilo recorrió la terraza y se extendió hasta sus bordes como las ondas de una mar rizada. Pocas cosas en la vida hay tan gratas como sentirse rodeado de esta repentina y clara pleamar de risas africanas.

Cuenta la leyenda que un galo
viendo el fiero y fogoso valor de su pueblo
abatido en su torno por la rígida
disciplina de las legiones romanas,

al cielo disparó su última flecha altiva,
al dios que había adorado,

al dios que lo había traicionado.
Luego cayó con la frente hendida.

Con los huesos de los galos caídos
los campesinos alzan empalizadas
en torno de sus viñas hermosas y fructíferas.
Nadie tuvo tan noble enterramiento.

Ecos de las colinas

Tengo en mi favor la gran suerte de soñar siempre que duermo y de que mis sueños siempre sean hermosos. La pesadilla, con su malévola combinación de claustrofobia y horror al vacío, me es conocida a través de lo que cuentan otras personas y, sobre todo, en los últimos veinte años, a través de los libros y el teatro. El don de los sueños es corriente en mi familia, todos nosotros tenemos de él un alto concepto y por él nos sentimos favorecidos respecto a otros seres humanos. Una vieja tía mía pidió que se inscribiera en su tumba lo siguiente: «Tuvo más de un día malo, pero sus noches eran gratas.»

Pero nuestros bellos sueños no se reducen a las esferas del idilio o de los juegos infantiles, ni a aquellas otras que la vida diaria tiene por seguras o placenteras. En ellos tienen lugar horribles acontecimientos: aparecen monstruos; se abren abismos; huidas y persecuciones turbulentas y salvajes son moneda corriente en todos ellos. Pero al entrar en su mundo, el horror cambia de matiz. La monstruosidad y los monstruos, y hasta el propio infierno, pueden tornarse en encanto y buena voluntad.

He leído o me han dicho que el primer precepto de un manual de etiqueta del siglo XVII prohibe contar a otros los sueños propios, ya que es imposible que les puedan interesar. Como no quiero pecar contra los buenos modales del siglo XVII, no voy a dar aquí cuenta a mis lectores de ningún sueño mío. Pero puesto que los sueños en general son cosa que me interesa, anotaré unas cuantas observaciones acerca de ellos. Si estas observaciones se vuelven algo vagas y nebulosas, difuminadas a sus ojos, el lector habrá de disculparme. Esto reside en la naturaleza de las cosas. Los sueños, como los olores, rehusan entregar a la palabra su más íntimo ser.

La característica primordial de mis sueños es la siguiente: yo me muevo en un mundo que me es honda y gratamente familiar y al que pertenezco más intensamente que al de mi existencia despierta. A pesar de todo, jamás tropiezo en los sueños con alguien o algo que yo conozca o haya conocido alguna vez fuera de ellos. Una vez, de niña, llegué a soñar con un perro al que tenía gran cariño —lo que me advirtió que *Natty Bompoo* acababa de abandonar el mundo de los vivos—, pero, por lo demás, nunca he visto esos parajes añorados por los cuales o hacia los cuales viajo, a esos amigos, infinitamente caros a mi corazón, a cuyo encuentro me lanzo y de los que a duras penas me he de separar.

Sólo una vez en mi vida, y en relación con una clase de lugar y de gente, se han abierto camino hasta mis sueños los fenómenos del mundo exterior. Fue una experiencia extraña y estremecedora.

La segunda característica de mis sueños es su vastedad, su calidad de espacio infinito. Yo me muevo por paisajes impresionantes, por tremendas cimas, profundidades y extensiones de horizontes ilimitados. Lo elevado e inmaterial del sueño reaparece en su espectro de raros y luminosos azules y violetas, de pardos de mística transparencia, colores que, por mucho que me lo proponga, nunca puedo representarme durante el día. Los árboles soñados son mucho más altos que los reales; hago firme propósito de no perder de vista que ésa es la altura real de los árboles, pero así que me despierto veo que me es imposible. Ante mí se extienden largas perspectivas, «distancia» es el lema del escenario; a veces siento tener la cuarta dimensión a mi alcance. Vuelo, en sueños, a cualquier altura, me zambullo en insondables y claras aguas verde botella. Es un mundo ingrávido. Su misma atmósfera es gozo; la dicha que lo corona, irracional o contra razón, es la del triunfo.

Porque en el sueño hemos roto nuestro vasallaje a las fuerzas organizadoras, reguladoras y rectificadoras del mundo, a la Conciencia Universal. Hemos jurado lealtad a las fuerzas salvajes, incalculables y creadoras, a la Imaginación del Universo.

A la Conciencia del mundo podemos dirigirnos en oración, que ya recompensará fielmente a sus fieles servidores según sus méritos, y su más alta recompensa será la paz de espíritu.

A la imaginación del mundo no le rezamos. Podemos recordar que la última vez que lo hicimos se nos preguntó con la rapidez del relámpago que dónde habíamos estado cuando cantaron juntas las estrellas y si éramos capaces de conjurar los propicios influjos de las Pléyades. Sin que les hayamos pedido libertad, estas fuerzas libres nos han hecho libres como los vientos de la montaña, nos han liberado de la iniciativa y la decisión, y también de la responsabilidad. No nos abonan salario alguno; cada una de ellas nos hace merced de un regalo, de un *bakshish,* y su don más alto es la Inspiración. De un don puede hablarse tanto por parte del que da como del que recibe, y así mi inspiración es el don que yo me hago, más mío que todo cuanto poseo, y es a la vez el don de Dios.

El barco ha dejado de virar; se ha aliado al viento y a la corriente y ya navega con las velas hinchadas, orgullosamente, sobre las olas sometidas. ¿Es su velocidad mérito propio y resultado de su esfuerzo, o es obra y mérito de poderes extraños? No podemos decirlo. En el vals, la bailarina se deja llevar por los brazos de su diestra pareja.

¿Es obra de él o de ella el vuelo y el milagro de la danza? Ni el barco ni la bailarina ni el soñador serán capaces o se preocuparán de responder. Pero los tres habrán experimentado el triunfo supremo de la Rendición sin Condiciones.

Unas palabras más acerca de los sueños:

Hay gente que me dice que la capacidad de soñar pertenece a la niñez y a la primera juventud, y que el talento para el sueño se pierde con las facultades del oído y la vista. La experiencia me dice todo lo contrario. Hoy día sueño más que de niña o de muchacha, y en mis sueños actuales están las cosas más precisas y admirables que nunca.

A veces pienso que mis pies andan por un camino que seguiré siempre, y que poco a poco el centro de gravedad de mi ser se irá desplazando del mundo del día —del reino de las potencias universales organizadoras y reguladoras— al mundo de la Imaginación. En este instante siento, como cuando a la edad de diecisiete años iba a ir a un baile por la noche, que el día es un espacio de tiempo sin significado, y que sólo a la llegada del oscurecer, al encenderse el primer astro y el primer cirio, volverán las cosas a ser lo que realmente son, y entonces saldrán a mi encuentro.

El río indómito que se ha despeñado salvajemente, que ha cantado a voces y embestido airado contra sus márgenes, se hará ancho y tranquilo y al final caerá silencioso en el Océano de los Sueños, donde vivirá el triunfo supremo de la Rendición sin Condiciones.

En los primeros meses que pasé en Dinamarca, de vuelta ya de África, me costó mucho trabajo ver la realidad de las cosas.

Mi existencia africana se había hundido en el horizonte; la Cruz del Sur había permanecido aún un momento en el cielo como un rastro luminoso, para por fin desvanecerse y desaparecer. Los paisajes, las bestias y los seres humanos de aquella existencia no podrían, ahora en mi ambiente de Dinamarca, encerrar para mí un significado mayor del que encerraban los paisajes, bestias y seres humanos de mis sueños nocturnos. Sus nombres no eran más que palabras; el nombre de Ngong, una dirección. No estaría bien hablar de ellos; sería incluso contrario a los buenos modales.

El destino había querido que los visitantes de mi granja se hubieran ido ya o estuvieran a punto de irse. Ninguno de ellos era persona que estuviera mucho tiempo en el mismo sitio. Sir Northrop MacMillan, Galbraith y Berkeley Cole y Denys Finch-Hatton habían salido antes que yo, y poco tiempo después de mi partida los siguieron Lord Delamere, Lord Francis Scott y Hugh Martin. El sueco Eric von Otter, que se había distinguido en la guerra en África, murió en su puesto avanzado del Norte; mi gallardo y joven amigo y compañero Gustav Mohr se ahogó cuando hacía cruzar un río a su *safari*. Allí estaban todos ellos, a dos mil setecientos metros de altura, a salvo en la tierra de África, volviéndose poco a poco tierra africana ellos mismos. Y aquí estaba yo, paseando por los hermosos bosques de Dinamarca, oyendo las olas del Öresund. Al Sudeste, lejísimos, las llanuras de la granja, donde en los años de sequía habíamos luchado contra fieros y voraces fuegos de los pastos, y las parcelas de los aparceros, con las palomas arrullándose en lo alto y la cháchara y los rumores de la cocina abajo, estaban siendo repartidas en solares para los hombres de negocios de Nairobi, y los prados por los que había visto galopar a las cebras eran convertidos en pistas de tenis. Cosas como éstas son las que la gente da en llamar hechos, pero son difíciles de retener.

¿A santo de qué había tenido yo que poner mi corazón en África? ¿Le había ido bien al viejo continente antes de que yo pensara en él, habría seguido igual en todo caso? Un gran maestro me dio la respuesta que yo era incapaz de darme a mí misma, diciendo:

> *¿... qué es el África para ti,*
> *o tú para el África?*

para añadir, jocosamente:

> *Si por ventura llego a ver*
> *a un hombre que se torna burro*
> *por dejar su bienestar y sus riquezas*
> *en aras de una tozuda voluntad,*
> *Ducdame.*
> *Podrá él ver entonces*
> *otro loco tan grande como él*
> *si viene a mí.*

Querido maestro, nunca me has fallado, tu palabra ha sido un guía para mis pies y una luz en mi sendero. Ahora quiero decirte y demostrarte cuánta razón tenías al hablar de una tozuda voluntad.

Por algún tiempo, a raíz de la publicación de mi libro *Siete cuentos góticos,* estuve pensando en la posibilidad de dirigir un hospital para niños en la Reserva masai. A los masais los aquejaban muchas enfermedades, la mayoría de ellas importadas por nosotros. En mis *safaris* había visto muchos niños ciegos. Pero los masais se resistían a llevar sus enfermos al hospital.

Los masais no nos tenían simpatía, y había razón para ello, porque habíamos puesto fin a sus incursiones predatorias en las tribus agrícolas, habiéndoles quitado sus lanzas y sus grandes escudos en forma de almendra, además de echarles un cubo de agua por encima de su aureola de nación guerrera, endurecida a lo largo de todo un milenio en la personificación de aquel ideal de Nietzsche: «El hombre para la guerra, y la mujer para el deleite del guerrero; todo lo demás son tonterías.»

Una vez que, en el curso de un *safari*, me había adentrado en la Reserva, un masai muy viejo vino y se sentó junto a la hoguera de mi campamento y al cabo de un rato comenzó a hablar y fue como oír rodar un guijarro. Yo, por mi parte, hablaba el sucinto masai para preguntar dónde encontrar agua y caza, y eso era todo, pues, a mi juicio, se trata de un idioma imposible de aprender, acaso porque la ordenación de ideas de la tribu que lo habla es distinta a la nuestra. Cuando en un sendero de la Reserva uno se topa con un masai, se le saluda diciéndole: «Saubaa.» Si es una mujer masai lo que uno encuentra, se le dice: «Tarquenya.» Jamás he conseguido aprender en qué consiste la diferencia; de todos modos, siempre llevaba un intérprete en mis *safaris*. «Hoy día —según nos dijo un morani de sesenta años— no da gusto vivir. Pero en los viejos tiempos se pasaba muy bien. Cuando los kikuyus o los wakambas tenían un buen terreno y en él buenas manadas de vacas, cabras y ovejas, los moranis veníamos a ellos. Primero matábamos con acero a todos los hombres y niños varones —los guerreros masais tenían lanzas largas y finas y espadas cortas y fuertes— y nos podíamos quedar en el pueblo hasta que nos habíamos comido todas las ovejas y las cabras. Luego, antes de irnos de nuevo, matábamos a todas las mujeres con madera», pues los masais llevaban a la cintura mazas de madera, sorprendentemente ligeras y contundentes. No sé si nuestro anciano huésped estaba en realidad evocando un pasado o si imaginaba todo un ideal estado de cosas, en cuya visión gradualmente se embriagaba. Por fin se fue y se perdió en la noche aquella calva y enjuta ave de presa de una especie que se extinguía.

Tampoco los colonos blancos sentían en general gran simpatía por los masais, que rehusaban trabajar para ellos y mantenían en sus relaciones una actitud hosca y arrogante. Pero en lo que a mí se refiere, siempre estuve en buena armonía con mis vecinos de la Reserva masai, y por ello creía que no tendrían inconveniente en traer sus niños enfermos a mi guardería. Fui expresamente a Londres a ver al Dr. Albert Schweitzer, quien había hecho un viaje a Inglaterra, para pedirle orientación, cosa que él me dio amablemente. Sin embargo, pronto me di cuenta de que los gastos de la empresa eran muy superiores a mis medios: el escribir libros no deja tanto dinero como se cree por lo general. El cuadro idílico de una existencia a dos mil setecientos metros de altura, bajo la larga colina de Bardamat, entre los niños masais, se disipó en la hierba como un espejismo más.

Las cartas de mis antiguos criados africanos llegaban, haciendo su imprevista aparición en mi existencia danesa, documentos extraños y conmovedores, aunque en ellos hubiera poco contenido. Me hubiera gustado saber qué les había hecho a mis corresponsales sentir la necesidad de recorrer los veinticinco o treinta kilómetros que los separaban de Nairobi, con objeto de enviarme estos mensajes. Unas veces eran endechas o elegías; otras, relaciones de hechos o incluso *chroniques scandaleuses.*

De pronto me llegaban de golpe dos o tres de estas epístolas; luego pasaban muchos meses en los que el viejo continente permanecía mudo.

Pero al menos una vez al año tenía la seguridad de recibir noticias de toda mi gente.

Desde que abandoné África hasta el comienzo de la segunda Guerra Mundial, nunca dejé de enviar cada año por Navidad una pequeña suma de dinero a los señores W. C. Hunter & Co., mis abogados en Nairobi, que siempre se las arreglaban para obtener las señas de Farah, pues la casa y la familia de éste se hallaban en el barrio somalí de la ciudad y aun cuando él estuviera ausente traficando con caballos etíopes o acompañando a un gran cazador blanco en sus *safaris,* siempre encontraba ocasión de localizar y reunir a todo el antiguo personal a sus órdenes. De este modo toda mi servidumbre se reunía una vez más en la encalada oficina de Nairobi, donde cada uno de ellos recibía mi regalo de Navidad, a cambio del cual había de dar una breve relación acerca de su salud y de cuanto le hubiera ocurrido en el curso del año. El parte garrapateado con dificultades era puesto en limpio y en sobrio inglés por el empleado de la oficina y fácilmente legible, pero no tenía voz.

Pero mis gentes, inspiradas por lo que les debía parecer un encuentro renovado y efectivo conmigo —pues el africano tiene la capacidad de hacer caso omiso de las distancias de espacio y tiempo—, así que salían del despacho del procurador, se pasaban por la Administración de Correos, buscaban el pupitre del escriba profesional indio y hacían que este hombre letrado les escribiera un segundo mensaje para mí. De este modo la carta, traducida en primer lugar en la mente del remitente de la lengua materna kikuyu a la *lingua franca* del suaheli, había de pasar por la oscura mente india del escriba antes de ser puesta por escrito, tal como yo la leía, en su inglés heterodoxo. A pesar de todo, conservaba en su forma una mayor semejanza con su autor que la nota oficial y convencional, de tal modo que la contemplación de los tuertos renglones en el fino papel amarillo ponía de repente su cara ante mis ojos.

Juma escribía: «Algún fuego entró en mi casa y acabó una cabra excelente.» Además me ponía en antecedentes de las negociaciones en torno al casamiento de su hija Mahô, refiriéndose en tono de burla al precio de compra ofrecido por su pretendiente kikuyu. Un trozo conmovedor acerca de mi predilección por la pequeña Mahô y de la molestia que me había tomado de enseñarle a leer exigían evidentemente una respuesta por mi parte, que pudiera ser útil en el regateo.

Alí Hassan, a quien puse al servicio de mi madre cuando ella vino a la granja a visitarme y que durante la guerra ítalo-abisinia había acompañado al general Llewellyn a Addis Abeba, me escribía: «Las cosas no ha ida muy bien aquí. Si la vieja Memsahib estaba en este lugar, su gente no se hubiera portado como lo hace.» Alí tenía sangre suaheli y el modo de ser vivaz e imprevisible de los suahelis. Al principio, me parecía que desentonaba de mi casa. Pero era más formal de lo que parecía, buen trabajador, atento y de una insospechable mansedumbre de espíritu.

Kamante escribía: «Tuve recientemente hembra de mi mujer, que es de alguna buena clase.»

Farah no se pasaba por el edificio de Correos. Debía dictar sus cartas personalmente en inglés. Se parecían mucho a él, en grave y gracioso equilibrio entre su dignidad y la mía, evitando manifestar compasión por cualquiera de nosotros. Me contaba de un papagayo que le había comprado a un amigo indio, con el propósito de regalármelo, y que era capaz de hablar. Decía que en cuanto le hubiera enseñado algunas frases más y más nombres de viejos amigos y conocidos comunes, trataría de enviarlo a Dinamarca, caso de que yo no regresara al África. Como a última hora no fue posible poner en práctica este proyecto, Farah le dio el papagayo a su suegra, que siempre había sentido por él gran admiración, y me mandaba unas cuantas plumas que le había arrancado para enseñarme de qué color era. Sus sentimientos personales hacia mí y el recuerdo de nuestra larga convivencia brotaban en estas cartas de repente, y como con nueva clave, en las preces que por mí elevaba a Dios antes de estampar su firma.

En estos años mantuve asimismo correspondencia con Abdullahi, mi criado somalí, ahora de vuelta en su tierra. A Abdullahi sólo lo he mencionado de pasada hasta ahora. No obstante, fue durante algunos años uno de los personajes pintorescos de la granja, con colores peculiares. Creo que ya es hora de que aparezca en escena.

Abdullahi era el hermano pequeño de Farah. Tendría unos diez años en la época en que Farah decidió que la casa necesitaba un paje más a tono con su dignidad que los totos kikuyus que hasta entonces habían ostentado el cargo, y lo hizo traer de Somalia. Al principio pidió Farah otro muchacho, hijo de su hermana, pero la abuela del niño, madre de Farah, se negó a separarse de él ya que éste era, según ella nos mandó a decir, demasiado valioso para la tribu por su talento para rastrear camellos extraviados en la noche. Farah consideraba inapelables las decisiones de su madre, y por lo tanto fue Abdullahi Ahamed el que un buen día apareció en el umbral para ser durante algunos años consustancial con la casa.

Para demostrar su imparcialidad, Farah trataba con dureza a su hermanito, hasta el punto de que un par de veces, al poco tiempo de conocernos, me consideré en el deber de salir en defensa de la criatura. Pero en esto, como en gran parte de la actitud y actividad de Farah como mayordomo, había bastante afectación, ya que el vínculo de la sangre es supremo y sagrado para el somalí, y cuando con ocasión de la epidemia de gripe cayó Abdullahi enfermo, Farah se afligió por él como una gata por sus gatitos. Los dos juntos me hacían pensar en José y Benjamín, cuando el virrey de Egipto, apoyando su mano en el hombro del pequeño beduino, le decía: «La gracia de Dios sea contigo, hijo mío.»

Abdullahi tenía una carita redonda y gordinflona, cosa poco corriente para un somalí, y una modestia tras la que se adivinaban importantes reservas latentes. Era un criado fiel para la casa y a mí personalmente me agradaba mucho por lo limpio y cuidadoso y porque hallé en él una rara disposición para la gratitud. Su personalidad comenzó a manifestarse en unas sorprendentes aptitudes para jugar al ajedrez. Se ponía a mirar, callado como un ratón, mientras Denys y Berkeley, que se consideraban jugadores de superior categoría, se sentaban al tablero. Si le preguntaban que si conocía el juego, él respondía que sí, y si, para hacer la prueba, lo tomaban como contrincante, él jugaba en silencio ininterrumpido y ganaba casi indefectiblemente. Más tarde resultó tener asimismo talento para la aritmética. Denys se había dejado el *Oxford Book of Arithmetics* en casa. Si yo le leía a Abdullahi uno de sus problemas: «Dividir una cantidad en cuatro partes, de manera que una parte más 4, la segunda menos 4, la tercera multiplicada por 4 y la cuarta dividida por 4, arrojen el mismo resultado», él se sumía en una especie de éxtasis mudo y al día siguiente me traía la solución sin que fuera capaz de explicar cómo la había logrado.

Llevaba Abdullahi un año en Ngong cuando me confió su ferviente deseo de ir a la escuela. Me pareció una aspiración en cierto modo legítima, pero teniendo en cuenta que no había escuelas musulmanas en las tierras altas, lo iba a tener que mandar a la escuela islámica de Mombasa, cosa que por aquel tiempo no estaba muy al alcance de mi bolsillo. Cuando le dije: «No tengo bastante dinero, Abdullahi», tomó él la cosa con resignación, pero de vez en cuando, las noches que Farah no estaba en casa, venía a preguntarme:. «¿Tienes ya más dinero, Memsahib?»

El período de servicio de Abdullahi en mi casa estuvo señalado por un dramático suceso. Me había recetado el médico que tomara seis gotas de arsénico en un vaso de agua con cada comida. Un día que me había olvidado de hacerlo en el almuerzo, estaba leyendo en la biblioteca y le dije a Abdullahi que preparara la dosis y me la trajera; sin levantar la vista del libro, tomé el vaso que él me tendía y no hice más que apurar su contenido cuando advertí que debía ser arsénico puro. Se lo pregunté a Abdullahi y él, poniéndose tieso, me dijo que así era. No me sentí enferma, sólo aturdida, como si hubiera recibido un golpe. «Entonces me parece que voy a morir, Abdullahi —le dije—, y tienes que mandarme a Farah.» Posteriormente Farah me dijo que su hermanito había llegado corriendo a su casa, gritando: «¡He matado a Memsahib! ¡Ve a verla tú! ¡Y adiós a todos; que me voy y no vuelvo más!», con lo cual había desaparecido. Cuando Farah llegó por fin, ya había yo empezado a hacerme de verdad a la idea de que iba a morir. Le hice que me llevara a la cama, y allí mi angustia se hizo peor y duró más de doce horas. Yo no sabía nada acerca de envenenamiento con arsénico y mis libros carecían de instrucciones para su tratamiento. Pero al cabo de un rato me acordé de la novela de Alejandro Dumas *La reine Margot,* que yo tenía en casa. Este libro cuenta cómo los traicioneros enemigos del rey Carlos IX impregnan de arsénico las páginas de un tratado de cinegética, para que el rey, al pasar las hojas mojándose los dedos en saliva, se vaya envenenando poco a poco, y asimismo se menciona el remedio con el que el físico de la Corte trata de salvar la vida del rey. Hice que Farah trajera el libro del estante, logré dar con la cura de leche y clara de huevo empleada para el caso y me la apliqué, mientras Farah me sostenía la cabeza para que yo pudiera tragar el medicamento. En pleno tratamiento recordé haber oído que el arsénico en gran cantidad pone a la persona envenenada de un azul lívido; caso de que así fuera, reflexioné que casi no valía la pena seguir luchando por la vida; así que mandé llamar a Kamante y lo hice quedarse junto a la cama para que me presentara el espejo de vez en cuando. Sobre la medianoche comencé a pensar que, a pesar de todo, era posible que saliera con vida, y hacia el amanecer, a preguntarme cómo íbamos a hacer que regresara Abdullahi. Al cabo de tres días lo trajeron los exploradores masais enviados en su busca: era la viva imagen de una víctima inocente deshecha y aturdida, indultada por el desierto.

Tres o cuatro años llevaba Abdullahi a mi lado cuando un suceso, insignificante en sí, hizo cambiar su destino.

En aquellos días era difícil conseguir en Nairobi un libro que se pudiera leer. Algunas veces me decía mi librero que acababa de recibir de Inglaterra una hermosa remesa de libros, y al visitarlo me ponía delante tal montón de mamotretos, que lamentaba que hubieran empleado barcos buenos y marineros para traerlos. De todos modos hubo un par de ocasiones en que escogí un libro de un autor enteramente desconocido, para escribir al día siguiente a los míos diciéndoles que tomaran nota del nombre del autor. El primero fue *Los escándalos de Crome,* de Aldous Huxley; el segundo, *Fiesta,* de Ernest Hemingway. Ya había publicado Huxley su *Little Mexican.* Entre las narraciones de este libro se halla el relato titulado «El joven Arquímedes», que se refiere a un niño que es un genio para las matemáticas y a quien impide estudiar su vana y tonta madre adoptiva, que acaba poniéndolo en trance tan desesperado, que al final se mata tirándose por el balcón. La noche que lo leí me desperté casi tan aterrada como cuando abandoné a su suerte al cervatillo Lulu en manos de los totos kikuyus. En la semana que siguió me las compuse para reunir dinero de acá y de allá y pude mandar a Abdullahi al Instituto de Mombasa. Se encontraba allí muy a gusto y sus profesores me escribían que hacía firmes y magníficos progresos.

Dos veces vino Abdullahi desde Mombasa a la granja para visitarnos. Llevaba aún las mismas ropas que cuando nos dejó y que ahora se le habían quedado algo estrechas y cortas; por lo visto ahorraba para libros de su modesta asignación para gastos particulares. Estas visitas de vacaciones al cabo de un año tropezaron con complicaciones debido a que Farah se había casado, con lo que ahora era ilegal la permanencia de Abdullahi bajo su techo. En Somalia, como entre los judíos, cuando un hombre muere, su hermano menor se casa con su viuda con objeto de perpetuar su descendencia, por lo que llegué a deducir que la proximidad entre un joven hermano y su cuñada es considerada peligrosa como posible estímulo al fratricidio. En un pueblo de fidelidad tan estricta en cuestiones familiares, deja entrever la ley una extraña fe en la fatalidad de la pasión. Mucho lamentaba yo aquel tabú, porque tenía la sensación de que Abdullahi y Fátima, ambos de la misma edad, ambos indolentes y de mirada limpia, se hubieran llevado perfectamente *en tout bien tout honneur*.

Cuando yo abandoné el país, Abdullahi tampoco quiso quedarse y regresó a Somalia. Desde allí me escribió y yo le contesté. No tenía las dotes epistolares de Kamante; las cartas que me enviaba a Dinamarca, aparte de ser señales de vida, no expresaban apenas otra cosa que su firme decisión de seguir fiel a mi afecto.

En el verano de 1936 le dije: «Ahora estoy escribiendo un libro sobre la granja. Tú sales en él, y Farah, y Pooran Singh, y el Bwana Finch-Hatton, y los perros y *Rouge*. Si tengo suerte con este libro acaso pueda regresar al África. ¡Pídeselo a Dios por mí!» Abdullahi contestó: «No tienes que decirme que pida a Dios por ti, porque ya lo hago todos los días. Pero como me dices en tu carta que ahora estás escribiendo un libro sobre la granja, y que yo salgo en él, y Farah y Pooran Singh, y el Bwana Finch-Hatton, y los perros, y *Rouge,* y que si tienes buena suerte con este libro acaso puedas regresar al África, he puesto a tres hombres muy santos a rezar por ti todos los días. Si estos rezos te sirven, ¿me darás una máquina de escribir?» No tengo la menor idea de lo que los tres hombres santos iban a sacar del negocio, pero me parece que esto es cosa que no debía salir de entre ellos y Abdullahi. Mi libro *Lejos de África* apareció en 1937 y decidí que tuvo bastante buena suerte para obligarme de algún modo hacia Abdullahi; así que encargué a Londres una máquina de escribir de buena marca, con su nombre inscrito. Cuando la casa me hizo saber que no podían garantizar su entrega, ya que desde el último punto hasta donde podían expedirla por correo había aún de viajar nueve días a lomos de camellos, le escribí a Abdullahi para que él se ocupara del camello. Así debió de hacerlo, porque tres meses más tarde recibí una carta suya pulcramente mecanografiada.

En la primavera de 1939 recibí una bolsa de viaje y comencé a hacer proyectos para ir en peregrinación a La Meca, junto con Farah y su madre, durante el mes del Ramadán. Muchas veces en la granja habíamos hablado Farah y yo de hacer esta peregrinación cuando fuésemos ricos y fantaseábamos sobre los espléndidos caballos árabes que compraríamos, cómo conseguir de Ibn Saud una escolta y hacer un feliz viaje a través de la Arabia feliz. Ahora, todo lo más lejos a que había llegado era a ponerme en contacto con la Embajada árabe en Londres.

Entonces la segunda Guerra Mundial y la ocupación alemana de Dinamarca en abril de 1940 me aislaron súbitamente de Arabia y de África, y también del resto de la humanidad.

Los dos o tres años que siguieron si destacan por algo es por su vacío; hoy se me representan como el Saco de Carbón en el firmamento del tiempo. El Rey en su proclama nos instaba a mantener una actitud de calma y dignidad; se premiaba el estar muerto y se penaba el estar vivo.

De todos modos, las impresiones y los recuerdos fluyen hacia el Saco de Carbón. Se nos dictaba un evangelio cultural; se imponía a nuestro país el estatuto y el nombre de Protectorado. Un nuevo reconocimiento de la importancia de antiguas tradiciones, de una verdad tres veces milenaria: «Honra a tu padre y a tu madre, para que tus días sean largos en la tierra que te da el Señor tu Dios». En el Saco de Carbón tropecé inesperadamente con un viejo conocido, el *Kipanda,* en forma ahora de aquella tarjeta de identidad que todos los habitantes del país habían de llevar consigo a todas partes. Por ella llegué a saber con certeza algo que hasta entonces sólo había intuido: que verse así convertido en algo perfectamente plano y bidimensional es tremendamente aburrido, hace temer una muerte por aburrimiento.

Por mi parte, y para no perder la razón, hube de recurrir al remedio que con la misma finalidad había empleado en África en las épocas de sequía: escribí una novela. Aconsejé a mis amigos que hicieran lo mismo, porque era para volverse loco aquello de ver a los soldados alemanes maniobrando con caretas antigás alrededor de nuestra propia casa e instalando sus cuarteles en nuestra propia tierra. Cuando comencé a escribir la primera página del libro, no tenía ni la más remota idea de lo que iba a pasar en él; siguió adelante según su propia inclinación y, probable consecuencia inevitable de las circunstancias, resultó ser un relato de tinieblas. Pero cuando en el verano de 1943 dio comienzo la persecución alemana de los judíos daneses, y la mayoría de las casas en la costa del Sund albergaban a judíos fugitivos de Copenhague que esperaban poder pasar a Suecia, disminuyó el ritmo de mi trabajo, pues empezaba a resultarme crudo y vulgar competir con el mundo que me rodeaba en la faena de crear horrores. Además, al ir imponiéndose en los meses que siguieron el Movimiento Danés de Resistencia, comenzamos todos a salir de nuestras falsas tumbas, dejando de jadear y respirando un aire más libre. El libro al que debía mi vida se dio a sí mismo un desenlace feliz y, como lo consideraba un hijo a todas luces ilegítimo, fue publicado con el seudónimo de Pierre Andrézel.

En todos aquellos negros años pensé mucho en mis criados africanos. Me asía a su recuerdo para que me probaran que seguían allá. Se moverían de un lado para otro y charlarían, y yo trataba de seguir sus movimientos y de escuchar su conversación. En sus nuevas granjas de Dagoretti acaso conversarían acerca de los viejos tiempos y se preguntarían entre ellos, gravemente, al modo del cura en la iglesia: «¿Crees en la comunión del Pasado? ¿Crees en la Vida que fue?»

Entonces fue cuando mis viejos compañeros comenzaron a aparecerse en mis sueños por la noche, con lo que llegaron a causarme trastornos y turbaciones. Hasta entonces ninguna persona viva había conseguido abrirse paso hasta aquellos sueños. Venían disfrazados, es cierto, y como en un espejo oscuro, de modo que unas veces veía a Kamante en forma de elefante enano o de murciélago, a Farah como un vigilante leopardo gruñendo por lo bajo alrededor de la casa, a Sirunga como un chacal pequeño ladrando entrecortadamente —tal como, según los nativos, hacen los chacales en tiempos de desgracia—, con una de las patas delanteras detrás de la oreja. Pero el disfraz no me engañaba; siempre los reconocía a todos, y por la mañana sabía que habíamos estado juntos en un breve encuentro en un sendero de la selva o en todo un viaje. Por esta razón no podía ya estar absolutamente segura de que seguían existiendo o de que alguna vez hubieran existido fuera de mis sueños.

La gente trabaja mucho para asegurarse un porvenir; yo daba a mi mente trabajo y preocupaciones, en mi intento de asegurarme el pasado.

Y entonces vino al fin la Liberación.

Al comenzar a retirarse las oscuras aguas cenagosas, desde lo alto de su Ararat miró Noé en torno buscando una ramita verde por los cuatro confines de la tierra.

La primera hoja viva me llegó a través del Atlántico. Yo había concluido mis *Cuentos de invierno* en 1942, cuando no había ni que pensar en hacer llegar el manuscrito desde Dinamarca a Inglaterra o América. Por rara fortuna, y con la ayuda de amigos poderosos, me las arreglé para llevarlo a Estocolmo y hacer que la Embajada británica lo enviara por su avión diario. Escribí a mis editores de Londres y Nueva York: «No puedo firmar ningún contrato ni revisar galeradas. Pongo en sus manos el destino de mi libro.» Durante tres años viví en la ignorancia de aquel irresponsable que disparó una flecha al aire para que cayera donde quisiera. Y ahora, en el bello mes de mayo de 1945, en uno de los primeros correos ultramarinos, me llegaba mi libro en la «Edición para los Servicios Armados» y poco tiempo después recibía a través de la Cruz Roja una cantidad de simpáticas y conmovedoras cartas de oficiales y soldados americanos que habían leído mis *Cuentos de invierno* inmediatamente antes o después de algún ataque en Italia o en las Filipinas. Le di al Rey uno de mis dos ejemplares y mucho le agradó saber que una voz por lo menos de su mudo país se había dejado oír en lejanos lugares.

Mandé hacia el Sur una paloma: escribí a los señores Hunter & Co. en demanda de información acerca de mis criados. Me contestaron para comunicarme que Farah había muerto, y que sin él les era imposible dar con los demás.

La noticia de la muerte de Farah fue para mí tan dura de encajar como de concebir. ¿Cómo era posible que se hubiera ido? Él, que siempre era el primero en responder a una llamada. Al cabo de un tiempo me hice cargo de la situación: no era la primera vez que lo había mandado por delante a algún lugar desconocido, para que me instalara el campamento.

En cuanto al resto de mi servidumbre, ahora que ya no disponía de Farah para que los buscase, no les quedaba, en mi opinión, sino buscarme ellos a mí. Al mismo tiempo no podía estar segura de si lo intentarían o no, pues era posible que no hubieran llegado a comprender que mi largo silencio había sido involuntario, sino que a lo peor lo tomaban como una señal de descontento hacia ellos por mi parte. «Tendré que sentarme y esperarlos —pensé—, como esperaba a la puesta del Sol que el gamo saltara a los claros herbosos de mis terrenos al pie de las colinas.»

Unos meses más tarde tuve una carta de la Casa del Gobierno de Nairobi, con el escudo de la Gran Bretaña en el membrete. El entonces gobernador, Sir Philip Mitchell, decía que me escribía en vista de la insistente demanda de su criado Alí Hassan. Decía que Alí era el mejor criado que jamás tuvo, pero que desde el primer momento le hizo saber a su amo que se consideraba aún a mi servicio y que si alguna vez yo volvía al África, él se reservaba el derecho de dejar la Casa del Gobierno sin previo aviso.

Aquí se adelantaba Alí por lo menos, en ropaje de ceremonia, escoltado por el León y el Unicornio. Él volvería a llamar a los otros también y todos volveríamos a estar una vez más reunidos. Inicié la correspondencia con Alí. Del estilo de sus cartas deduje que en aquellos años —al contrario que en tiempos anteriores— había vivido en una casa libre de dificultades financieras. Pero seguía fiel al pasado, llamando por sus nombres a los perros y los caballos y recordándome cosas que ya había olvidado. «Te acuerdas —escribía— cuando la gente te pone nombre y te llama: la que primero ve la Luna Nueva.» En su repetida frase «las cosas han cambiado» había una delicada melancolía, que yo reconocía de mis recuerdos de otros africanos, que con preferencia se recrean en las cosas tristes. En su carta podía oírse un solitario cuerno de caza en los bosques, a enorme distancia.

Perdonaba generosamente mis pasos en falso. «¿Recuerdas, Memsahib —escribía—, cuando nos echaste a todos a causa de esta perra?» Lo recordaba muy bien. Yo quise traer una galga escocesa para mi perro *Pania*, y por culpa suya había tenido que hacer un viaje desde Amberes en un barco de carga y en pleno invierno. La primera vez que estaba en celo tuve que ir a Nairobi; así que ordené a todos mis criados que no la dejaran salir de la perrera bajo ningún concepto. Regresé cansada y me acosté, y estando en la cama recibí una nota de mi administrador quejándose que habían soltado a *Heather* y que era más que probable que *King,* su terrier de Airedale, fuera el progenitor de sus cachorros. Tuve tal arrebato de ira que fui derecha de la cama a la pérgola, donde toda mi servidumbre estaba sentada en paz, teniendo un rato de charla mientras el Sol se ponía. Pero al abrir la boca para decirles lo que pensaba de ellos, me faltó la voz; volví a entrar en la casa para recobrarla, y tuve incluso que repetir la maniobra. Así que pude hablar, los puse a todos de una vez en la calle, porque no creía que pudiera volver a tolerar sus presencias.

Ni uno se marchó, ni creo que nadie lo pensara siquiera, y no hubo catástrofe. Pasara lo que pasara en mi ausencia, los cachorros de *Heather* fueron pura sangre y deliciosos.

Juma, me escribía Alí, era ahora muy viejo, y tenía nietos y biznietos. Vivía de la parcela que yo consiguiera para él en la Reserva masai. Su hijo Tumbo era conductor de camiones en Nairobi.

A Saufe, el hijo de Farah, le iba muy bien como tratante de caballos. Se iba a casar pronto, aunque no tenía más que diecisiete años, lo cual era señal de prosperidad.

Las noticias de Kamante, según Alí, fueron primero buenas, luego malas, después un poco mejor, por fin algo tristes. Había sido listo todos esos años, «lo mismo que cuando en la casa», y en sus tierras cerca de Dagoretti poseía un hermoso hato de vacas, ovejas y cabras. Pero se había quedado ciego. Según un médico muy listo de Nairobi, la cosa tenía arreglo con una operación; pero ésta iba a costar mucho dinero.

Así que leí la carta de Alí, noté que no me sorprendía lo más mínimo el saber que Kamante se hubiera quedado ciego. Sus ojos vigilantes, tan penetrantes y observadores que me hacían pensar algunas veces en los del «Criado Fiel» del cuento de Grimm, que ha de vendarse los ojos para no destruir cuanto mira, tenían al mismo tiempo, misteriosamente, la condición introspectiva de los ojos de los ciegos. Recordé nuestro primer encuentro, cuando yo tropezara en el llano con el niño agonizante, y al ver de nuevo aquellos ojos vidriosos y dolientes vueltos hacia mí, pensé que debían recobrar la luz, incluso aunque yo misma no volviera a encontrarme con aquella mirada impávida e inquisitiva.

Posteriormente he tenido noticias de mis amigos criados por otras personas y últimamente por ellos mismos.

Al comienzo de los años 50, Sir Philip Mitchell vino a verme a Dinamarca. «No me atrevo a ponerme delante de Alí a mi regreso de Europa —dijo— sin haberla visto a usted.» Mientras cenábamos cambiamos algunas amargas reflexiones sobre los cambios que habían acontecido en el mundo. Pude darme cuenta de hasta qué punto mi libro sobre África era ya historia y documento del pasado. Al oír a Sir Philip describir las actuales condiciones de vida en Kenia, me resultaba mi propio libro tan anticuado como el papiro de una pirámide.

En su obra *Última oportunidad en África* (1950), mi viejo amigo Negley Farson habla de Alí como mayordomo de Sir Philip y cuenta que, estando con Sir Philip de pesca a orillas del Thika, oyó a Alí repetir que él es criado de Memsahib Blixen. «Gané mucho en la estima de Alí —cuenta Mr. Farson— cuando le dije que había almorzado con su Memsahib en Dinamarca. Después de esto era imposible que yo obrara alguna vez mal.»

En 1955 el escritor danés John Buchholzer hizo un viaje a la Somalia para recoger poesía y arte popular somalís, publicando luego como fruto de su viaje el libro *El cuerno del África*. Un capítulo del libro versa sobre los nuevos movimientos nacionales y religiosos contra los europeos y relata cómo, en el mercado de la ciudad de Hargeisa, el autor es apedreado por la muchedumbre enfurecida, escapando a sus manos gracias a la intervención de un joven oficial somalí que acertaba a pasar por allá. Al día siguiente va el joven a buscarlo a su alojamiento y le pregunta si efectivamente es danés, como dicen. Se presenta; dice llamarse Abdullahi Ahamed y haber estado durante muchos años al servicio de una señora danesa conocida en todas las tribus de somalís. En este libro hace

Abdullahi la relación completa de mis muchos favores hacia él, incluyendo el de la máquina de escribir.

Gran placer me produjo dar con este trozo del libro, pero más placer aún supuso para mí recibir una carta del propio Abdullahi, inspirada por su encuentro con el señor Buchholzer. A lo largo de diez años, manifiesta Abdullahi, ha estado pesaroso por no haber tenido noticias mías, y ahora le sirve de gran satisfacción el que haya yo mandado a un caballero tan simpático para reanudar el contacto entre nosotros. Por fin se ha casado con la joven viuda de Farah y tiene un hijo de ella. Toda la familia, sin embargo, me dice, se halla aquejada de gran pesadumbre por la muerte de la madre de Fátima, la abuela del niño, por lo que se ve que las mujeres viejas siguen desempeñando en la vida de las tribus un papel tan preponderante como en mis días. En esta carta vuelve Abdullahi a recordarme la máquina de escribir; dice que ella le proporciona una ventaja decisiva sobre sus competidores en la carrera y a ella le debe el llevar tres años ostentante el cargo de juez en Hargeisa.

«Desempeño mis obligaciones oficiales —concluye su carta— con éxito, dignidad y popularidad.»

En Copenhague vive un periodista de talento, el señor Helge Christensen, que desde la infancia ha sentido gran afición por la ornitología, hasta el punto de que hace muchos años obtuvo de mi madre permiso para estudiar la vida de los pájaros en los bosques de Rungstedlund. En un concurso internacional, el señor Christensen se ganó un viaje por avión a Nairobi y vino a Rungstedlund a preguntarme si quería yo que llevara saludos a mis amigos de Kenia. Le pedí que, de ser posible, fuera a ver a Juma y a Kamante. Como Alí Hassan estaba ausente por aquella época, me parecía que iba a ser una ardua tarea localizar, entre dos millones de kikuyus, a dos de ellos de los que sólo se conocían los nombres. A pesar de todo, el señor Christensen cumplió con éxito su promesa.

Dio con el paradero de Juma encaminándose al barrio residencial de Karen, que llevaba mi nombre, y haciendo indagaciones en el casino central, instalado en mi antigua casa. Allí le dijeron que un viejo llamado Juma llegaba de cuando en cuando y pedía permiso para pasear por el recinto, «para pensar, allá, en los días que fueron»; pasaba toda la tarde dando paseos por los senderos bajo los altos árboles y volvía a desaparecer. A un toto de la cocina del Club le parecía que sabía de dónde venía el viejo; Christensen lo montó en el coche y él le fue indicando la tosca vereda que serpenteaba por la hierba hasta la Reserva masai; al viajero le pareció un camino demasiado largo para un viejo que iba por él a meditar sobre el pasado. La *manyatta* de Juma, allí bajo las azules colinas de Ngong, es con seguridad uno de los lugares más bellos del mundo. El señor Christensen me dijo que se había transformado en un lugar muy grande, lleno de jóvenes y chiquillos que se apelotonaban junto al coche. Llamaron a Juma, que salió de su choza; era ya un patriarca, cargado de años, con la vejez en la boca, con una vaga noción del presente, pero volviendo a la lucidez según evocaba los tiempos pasados, acabando por explicar a sus mujeres y a su prole que su Memsahib había enviado a este buen Bwana con regalos, en agradecimiento por los excelentes servicios que él había prestado en la casa. Dos águilas, me dijo Christensen, daban vueltas sobre las cabezas de visitado y visitante; todos dijeron que eran dos viejos amigos de la Memsahib, ansiosos de tener noticias de ella. Juma había llegado una vez a oírles gritar: «Dios la bendiga». El graznido del águila, tal como lo oí un día que volaba con

Denys Finch-Hatton, se parece a todo menos a una bendición.

Kamante fue hallado aún más lejos de Nairobi, en medio del laberinto de shambas de cáñamo, maíz, boniatos y pastos para el ganado. Me dijeron que recibió a su visitante como si lo hubiera estado esperando aquella misma tarde, lo cual pudo muy bien haber sido, ya que Kamante estaba lleno de recursos. Éste, que jamás había mostrado tener la menor fe en mi inteligencia, ahora se explayaba hablando de mi competencia y sabiduría, señalándole a mi compatriota la vasta extensión de terreno que, pese a resistencias e intrigas, había yo obligado al Gobierno de Kenia a entregarle a él. Como Abdullahi y Juma, él daba por supuesto que su huésped había sido enviado en calidad de embajador personal mío con la misión de saber noticias suyas y preguntarle si necesitaba algo. Ardía en deseos de hacerme llegar por medio de él todas las noticias e informaciones que pudieran interesarme, sopesando para ello las palabras y haciendo pausas de vez en cuando para ordenar sus pensamientos. La operación de la vista había tenido éxito; por lo menos ahora podía ver sus vacas. No podía contarlas, lo cual era una triste cosa, pero cuando por la noche las traían a la boma podía entreverlas a bulto, como una multitud de boniatos en un puchero de agua hirviendo, empujándose, dando vueltas y saltando unas por encima de otras, lo que era bien agradable.

El señor Christensen ha publicado un librito, *Juma y Kamante,* acerca de su visita a mis dos antiguos servidores; contiene sendos grabados en madera con los retratos de los personajes: el de Juma es muy bueno.

Recientemente, y por pura casualidad, he visto en otro periódico danés una entrevista posterior con Kamante, a quien el periodista logró rastrear y encontrar. Kamante está bien y quería venir a Dinamarca para entrar de nuevo a mi servicio, pero al mismo tiempo teme estar demasiado viejo, por lo que lo mejor sería mandarme uno de sus hijos. Algo apurado al dar la información —tan apurado como yo al transcribirla aquí—, Kamante le dice al periodista danés haber pasado un año en la cárcel por haberse iniciado en el Mau-Mau. No tengo la menor idea de las circunstancias en que lo ha hecho y la cosa me ha dado mucho que pensar. ¿Es que este profundo e irreductible escéptico ha hallado al fin algo en lo que le es posible tener fe? ¿Es que el eterno eremita, el animal huido, aislado por su voluntad del resto de la manada, ha experimentado al fin, gracias a una fórmula oscura e inhumana, una especie de sentimiento de fraternidad humana? Para compensar lo embarazoso de la situación, Kamante saca de su bolsillo una carta mía y se la muestra a mi compatriota. «Mira —dice—, Msabu me ha escrito: Mi buen y fiel criado Kamante.» Vuelve a plegar la carta, se la mete en el bolsillo y añade: «Y así soy yo».

He tenido noticias de otro antiguo residente de la granja, el viejo Knudsen, el danés ciego que habitó durante algún tiempo en una casita allá, hombre curtido y amargado por las experiencias de una trágica vida, pero lleno en su interior de grandes visiones llameantes que le compensaban la pérdida de la vista; un optimista indomable, aunque encorvado y con el cabello gris.

En marzo pasado recibí carta de una señora americana de la Universidad de Maryland. Quince días atrás había estado cenando con un economista danés que acababa de regresar de una misión en el África Oriental; hablaron de mí y de mi libro *Lejos de África,* y él le dijo a ella que en el Consulado danés de Tanganyka le habían dado cierta información que deseaba poner en mi conocimiento. Como pasados unos días este señor había fallecido en su hotel de Washington, Mrs. Stevenson se encargaba de hacerme llegar la información aludida. «Lo que hemos sabido por el cónsul danés —escribía— y lo que me parece que a usted le interesará saber es que el proyecto del viejo Knudsen de extraer fosfato del fondo del lago Naivasha *no* era un disparate. Se han hecho descubrimientos que corroboran su teoría. No me han dado detalles, pero creo que debe usted saberlo.»

De este modo, veo ahora con honda satisfacción ante mí al viejo Knudsen, a quien se ha dado la razón y que deja un momento de lado su arpa para empuñar las herramientas de viejo pescador y marinero, riéndose en triunfo de los enemigos del viejo Knudsen.

Hoy día tengo noticias de mis antiguos criados de África cada mes o cada seis meses.

Allí están, pues, fuera de sus escondrijos de los bosques, a los rayos del Sol poniente, pisando todavía con cautela, pero mirando en torno más confiados que la primera vez que aparecieron levantando y volviendo la cabeza. Da alegría veros así, amigos y camaradas, quisiera que continuarais marchando y oteando ahí, en lo alto del aire, en la extraña libertad de vuestros corazones, por mucho tiempo todavía. Me habéis hecho compañía muchos años; no volveré a dudar frívolamente de vuestra existencia; de ahora en adelante os dejaré el rico mundo de la realidad. Y vosotros podéis devolverme a estos sueños míos que ya se ocuparán de mí.

Juma ha muerto. Pero tengo noticias recientes de Alí y de Kamante.

Alí escribe ya en buen inglés. Ha visto mi fotografía en el periódico. «La verdad sea dicha, me alegra grandemente el ánimo el ver su foto. La verdad sea dicha, mi corazón se llena de júbilo cada vez que oigo pronunciar su nombre. O cada vez que lo pronuncio yo.»

Cuando admiro su escritura y su gramática, me parece que estoy viendo la media sonrisita de Berkeley cuando seguía en su pensamiento la línea descrita por el pato salvaje en el cielo claro como el cristal. Y me pregunto si uno de entre ellos, seducido por los reclamos de caza, no estará allí aminorando el vuelo, para al final, como una punta de flecha devuelta por algún celeste arquero, caer en el agua de la marisma, para volverse respetable.

Pero Kamante, a través de una triple capa lingüística, se las arregla para conservar su originalidad en una nota de infinitas facetas. Su última carta, hace un mes, terminaba así:

«Yo ciertamente convencido cuando pido por ti a Dios todopoderoso que esta petición te la concederá sin falta. Por eso pido a Dios que sea bueno contigo de vez en cuando.»

Índice

Farah 9
Barua a Soldani 40
El gran gesto 56
Ecos de las colinas 75

«Para viajar lejos no hay mejor nave que un libro».
EMILY DICKINSON

Gracias por tu lectura de este libro.

En **penguinlibros.club** encontrarás las mejores recomendaciones de lectura.

Únete a nuestra comunidad y viaja con nosotros.

penguinlibros.club

 penguinlibros